직업 멘토 ④

어린이 지식 e

과학과 환경

어린이 지식ⓔ

직업 멘토 ⭐ 과학과 환경

초판 1쇄 인쇄   2015년 12월 7일
초판 1쇄 발행   2015년 12월 14일

발행처 이비에스미디어(주)
발행인 김재근
기획 EBS ●● MEDIA 장명선 ⅢDKJS 성준명
글 박근영   **그림** 김영희   **편집** 아우라   **디자인** 한희정

판매처 ㈜DKJS
등록 2009년 11월 18일 (제2009-000323호)
주소 서울특별시 강남구 강남대로 84길 23, 1408-2호
전화 (02)552-3243   **팩스** (02)6000-9376
이메일 plus@dkjs.com

ISBN   979-11-5859-055-0 (64300)
ISBN   979-11-5859-036-9 (세트)

꿈을 이룬 멘토가 들려주는 직업이야기

직업 멘토 ④

어린이 지식

e

과학과
환경

글 박근영 그림 김영희

지식플러스+

지구의 미래를 더욱 푸르게 가꾼 직업 멘토와 함께 나의 꿈, 나의 직업을 찾아보아요

"이다음에 크면 뭐가 되고 싶어?"

"너는 장래 희망이 뭐야?"

"가장 하고 싶은 일은 뭐니?"

누구나 한번쯤 이런 질문을 받아 본 적이 있을 거예요. 이럴 때 뭐라고 대답하나요? 의사, 변호사, 과학자, 개그맨, 패션모델, 만화가, 경찰관……. 앞으로 내가 무엇이 되고 싶은지 자신의 장래 희망을 확실하게 정한 사람도 있겠지만 아직은 내가 무엇을 좋아하는지, 어떤 일을 하고 싶은지 잘 모르는 사람도 많을 거예요. 사실 나의 꿈, 나의 직업을 찾는 것은 질문하긴 쉽지만 그리 간단치 않은 문제이지요. 하지만 아주 중요한 일이에요. 나의 꿈이 정해지면, 그 꿈을 목표로 하루하루의 삶이 달라지니까요.

그럼 어떻게 답을 찾아 나가면 좋을까요?

무엇보다 다양한 직업의 세계에 대해 정확하고 풍부하게 알아야 해요. 세상에는 수많은 직업이 있지만, 실제로 우리가 알고 있는 직업은 생각보다 많지 않거든요. 또 이미 알고 있는 직업도 구체적으로 무슨 일을 어떻게 하는지 잘 모르는 경우가 많답니다.

《어린이 지식◉ 직업 멘토》는 다양하고 생생한 직업의 세계로 안내하는 '직업 내비게이터'가 되어 줄 거예요. 각 분야에서 최선을 다하고 열정을 쏟아 자신의 꿈을 이룬 직업인들이 친절한 멘토가 되어 우리가 잘 모르는 직업 이야기를 들려주기 때문이지요. 직업 멘토들은 그 일을 어떻게 시작하게 되었는지, 무엇을 준비해야 꿈을 이루고 성공할 수 있는지, 그 일을 할 때 어렵고 힘든 점은 무엇인지, 또 어떤 기쁨과 보람을 느끼며 일하는지 등 우리가 몰랐던 흥미진진한 직업의 세계에 빠져들게 해 줄 거예요.

또한 《어린이 지식◉ 직업 멘토》에서는 빠르게 변화하는 사회의 흐름에 발맞추어 새롭게 주목받을 미래의 유망 직업에 대해서도 알려 주어요. 패션 예측가, 다문화 코디네이터, 웃음 치료사, 공정 여행 기획자 등 지금은 낯설지만 앞으로 도전하면 좋은 직업에는 무엇이 있는지, 또 그 직업을 가지려면 어떻게 해야 하는지를 소개하고 있답니다.

내가 원하는 직업에 대해 좀더 자세히 알고 싶을 때, 그리고 관련 직업에 대해 궁금증이 생길 때에는 〈지식◉ 궁금해!〉 코너를 살펴보세요. 내가 꿈꾸는 직업인이 되려면 구체적으로 무엇을 어떻게 준비해야 하는지, 또 내가 원하는 분야와 연관된 직업에는 무엇이 있는지를 알기 쉽게 핵심만 쏙쏙 모아 놓았으니까요.

《어린이 지식◉ 직업 멘토》 '과학과 환경' 편에서는 천문학자, 환경공학자, 에코 디자이너, 그린 코디네이터, 해양 건축가 등 놀라운 자연의 세계를 탐구하고 환경 보호에 앞장서 지구의 미래를 더욱 푸르게 가꾸는 직업을 보여 줍니다. 칼 세이건, 석주명, 왕가리 마타이, 프라이탁 형제 등 우리가 좋아하고 닮고 싶어 하는 멘토들의 이야기를 따라가다 보면 어느새 나의 꿈에 한 발짝 더 가까이 다가가 있을 거예요. 지금까지 전혀 관심이 없던 직업에 새로운 흥미를 느낄 수도 있고요. 자, 나의 꿈과 나의 직업을 찾아 신나는 여행을 떠나 볼까요?

차례

＊ 직업에 관한 이해를 돕기 위해 가상 인물로 소개했어요.

1부

놀라운 자연의 세계를
탐구하는 직업

01 바닷속 신비를 밝히는 탐험가

👤 해양학자 **실비아 얼**

★ 바다에 대한 호기심과 끝없는 열정을 갖는다

단순히 해양학자에 머물지 않고 여성이 도전하기 힘든
탐사나 탐험 분야의 개척자가 된 실비아 얼.
그녀는 어릴 때부터 바닷속에 무엇이 살고 있는지
직접 확인해 보고 싶어 했다.
그녀는 어떻게 자신의 꿈을 이룰 수 있었을까?

"와, 바다다!
아빠, 바다가 너무 아름다워요."

열두 살 소녀는
푸른 바다를 보고
첫눈에 사랑에 빠졌다.

미국 뉴저지 주의 농장에서
플로리다 주 클리어워터 시로 이사한
소녀의 가족.

집 뒤로는 멕시코 만의 드넓은 바다가 펼쳐져 있었다.

그곳에서 실비아 얼은
'바다'라는 새로운 세상을 만났다.

 바닷속에는 어떤 생물들이 살고 있을까요?

11

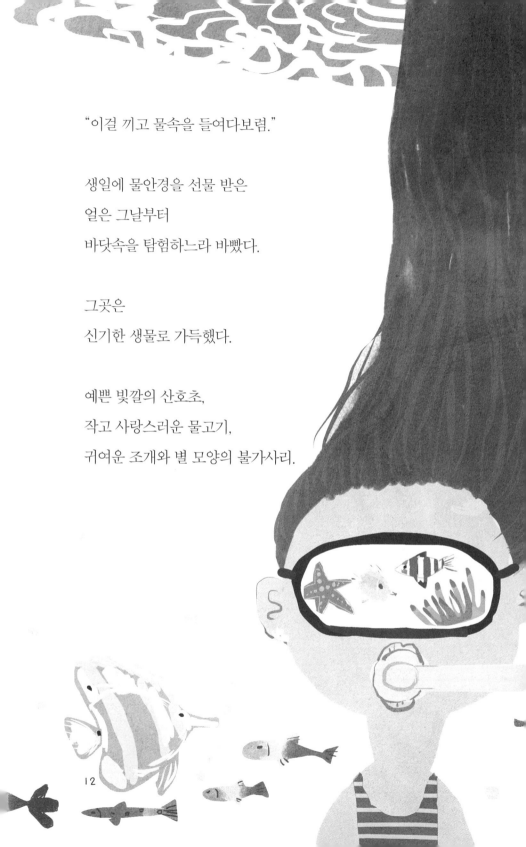

"이걸 끼고 물속을 들여다보렴."

생일에 물안경을 선물 받은
얼은 그날부터
바닷속을 탐험하느라 바빴다.

그곳은
신기한 생물로 가득했다.

예쁜 빛깔의 산호초,
작고 사랑스러운 물고기,
귀여운 조개와 별 모양의 불가사리.

자랄수록 그녀는
더 깊은 바닷속을 알고 싶다는 꿈이 커졌다.

얼은 캘리포니아 대학에서
해양식물학을 전공하면서
본격적으로 해저 식물을 연구했다.

해저: 바다의 밑바닥.

그녀는
스쿠버 다이빙을 배워
멕시코 만 해안을 잠수하면서
그곳에 서식하는
해저 식물의 목록을 만들기 시작했다.

서식하다: 생물이 일정한 곳에
자리를 잡고 살다.

13

해양학자는
바다에 사는 다양한 생물과
풍부한 자원을 연구하고
그동안 사람들이 모르던
바다의 비밀을 밝힌다.

자원: 우리 생활에 이용되는 원료로서의 수산물, 광물, 산림 등을 통틀어 이르는 말.

따라서
무엇보다 바다에 대한
궁금증과 호기심이 있어야 하고
그것을 풀기 위한 노력과 의지가 필요하다.

저 캄캄한 바닷속에는 어떤 생물이 살까?
고래는 어떻게 자기 의사를 표현할까?
북극에는 어떤 물고기가 살고 있을까?

이런 물음에 대한 답을
스스로 찾고 싶었던 얼처럼
해양학자는
바다의 신비를 풀어 가는 사람이다.

얼은 어릴 때부터 바다를 놀이터 삼았다.
날마다 바다에 나가 헤엄을 치고
그곳에서 만나는 모든 생물에
호기심을 가졌다.

그러다 보니 몸도 튼튼해지고
뛰어난 수영 실력도 갖출 수 있었다.
모르는 바다 생물에 대해서는
책을 읽으면서 열심히 공부했다.

"미역이나 다시마를 먹는 물고기에는 무엇이 있을까?"
"혹등고래, 흰고래, 돌고래는 어떤 점이 다를까?"

의문이 생길 때마다 그냥 지나치지 않고
생물 도감을 열심히 찾아보았다.

16

대학 졸업 후

인도양 탐사선에 오른 그녀는

70명의 연구원 가운데 유일한 여자였다.

연구실이나 책 속에서 찾지 못한

답을 구하기 위해

직접 바닷속으로 들어가 관찰하는 것을

매우 중요하게 여겼던 얼.

그녀는 멕시코 만 해저 식물을 연구하는

13년 동안 무려 1,000시간,

지금까지 총 7,000시간 이상을 물속에서 보냈으며

버진 제도에 바닷속 실험실이 만들어졌을 때는

여자로서는 매우 이례적으로

해저 잠수 팀의 대장이 되었다.

버진 제도: 미국과 영국이 소유하고 있는 카리브해의 섬들.

이례적: 보통 있는 일에서 벗어난 특이한 것.

그녀는
평생 도전을 멈추지 않았다.

세상에서 처음으로
바다 밑 381m까지 내려가
그 깊은 바닷속에도 생명이
살고 있음을 온 세계에 증명해 보였다.

또 3년간 뉴질랜드, 남아프리카, 버뮤다,
알래스카까지 혹등고래를 쫓아
그들의 생태를 연구하면서
다큐멘터리 영화를 만들었다.

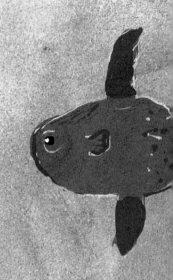

"바닷속에서
고래가 부르는 노랫소리를 들었어요.
아주 황홀했죠."

그녀에게는
바다에 대한 끝없는 '사랑'과
새로운 분야를 개척하겠다는 '의지',
모험을 두려워하지 않는 '용기'가
있었다.

실비아 얼은 우리에게 말한다.

"바다는 지구의 파란 심장입니다!"

'바다의 여왕' 실비아 얼

실비아 얼은 우리 시대 최고의 해양학자로 손꼽혀요. 어린 시절부터 바다 생물에 호기심이 강했던 얼은 아주 깊은 바닷속까지 내려가 그곳에도 다양한 생물이 살고 있다는 사실을 밝혀냈지요. 혹등고래와 수많은 바다 식물을 연구했고, 우리가 매일 집으로 돌아오는 것처럼 물고기도 드넓은 바다를 헤엄치다가 같은 장소로 돌아온다는 사실을 발견했답니다.

해양학자가 되고 싶다고요?

해양학은 바다에서 일어나는 여러 현상을 연구하는 학문이에요. 해양물리학, 해양화학, 해양생물학, 해양지질학 등 다양한 분야의 연구가 이루어지고 있지요. 어떤 분야를  연구하느냐에 따라 해양학자가 하는 일은 달라요. 해양물리학은 파도의 세기나 바닷물의 이동 방향 등 바다의 상태를 연구하고, 해양화학은 주로 바닷물의 수질 상태를 다루지요. 해양생물학은 바닷속에 살고 있는 물고기와 플랑크톤, 해조류 등 해양 생물을 연구하고, 해양지질학은 바다 밑바닥을 이루는 암석의 구조와 상태를 연구해요. 각 분야는 서로 밀접하게 연관되어 영향을 주고받기 때문에 해양학자는 이 모든 분야에 관한 지식을 두루 갖춰야 한답니다. 해양학자가 되려면 대학에서 해양 관련 학과에서 공부하고 대학원에 진학해 박사 과정까지 모두 마쳐야 해요. 바다에서 벌어지는 현상에 호기심을 갖고 있다면 해양학자에 도전해 보세요.

바다와 관련된 직업이 궁금하다고요?

＊ 산업 잠수사

침몰된 배를 인양하고, 방파제를 쌓고, 바다 한가운데 다리를 건설하는 것 모두 산업 잠수사가 하는 일이에요. 잠수는 위험이 따르는 전문 기술이기 때문에 산업 잠수사는 반드시 국가 기술 자격증이 있어야 하지요. 바다 현장에서 여러 사람과 함께 일해야 하므로 활달하고 활동적인 성격이면 좋아요. 수중 건설 업체, 해난 구조대 등에서 일하며, 건설이나 기계, 전기 등에 관한 지식을 갖추고 있으면 도움이 많이 된답니다.

＊ 인공 어초 개발자

돌무더기나 콘크리트 덩어리, 고장 난 배처럼 물고기가 많이 모여 살도록 바닷속에 넣어 놓은 구조물을 인공 어초라고 해요. 바다 환경이 오염되고 물고기를 마구 잡아들인 결과, 이런 인공 어초의 필요성이 커졌지요. 인공 어초 개발자는 인공 어초의 구조와 재료를 개발해 해양 생태계를 복원하는 일을 해요. 대학에서 해양학이나 재료공학 등을 전공하면 좋아요.

＊ 해양 생태 연구원

해양 생태계의 보존과 바다 자원 개발을 위해 환경에 따른 바닷속 동식물의 변화를 연구해요. 현상에 나가 생물을 채집하거나 환경 변화를 관측해야 하는 경우가 많아 수영을 잘하면 좋아요. 대학에서 생물학이나 해양학 등을 전공해야 하며, 한국해양과학기술원을 비롯한 연구 기관이나 해양 생태 조사 기관에서 일해요.

02 별과 우주를 연구하는 열정가

👤천문학자 **칼** 세이건

★ 우주에 관해 질문을 던지고 답을 찾는다

어린 시절 몸이 약해 혼자 노는 시간이 많았던 칼 세이건.
외톨이였던 그는 천문학자가 되고 싶다는 꿈을 갖게 되면서
많은 것이 달라졌다. 훌륭한 천문학자가 되기 위해
세이건은 어떤 노력을 기울였을까?

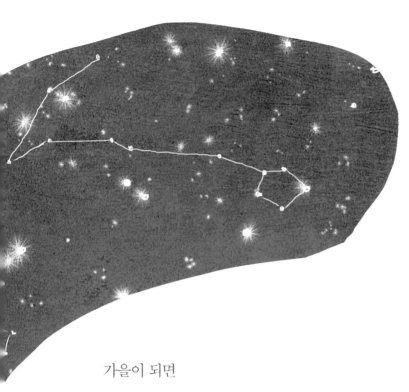

가을이 되면
밤하늘을 아름답게 수놓는 별자리가 있다.

페가수스자리, 물병자리, 물고기자리.

왜 이 별자리들은
가을에
더 잘 보이는 걸까?

 밤하늘을 바라보면 어떤 생각이 드나요?

한 소년이
창가에 서서 밤하늘의 별자리를
관찰하고 있었다.

'왜 별은 반짝일까?'
'저 우주는 어떻게 탄생했을까?'
'또 다른 행성에도
생명체가 살고 있을까?'

행성: 중심 별의 주위를 도는 천체.
태양 주위를 도는 천체로는 지구를
비롯해 수성, 금성, 화성을 포함해
여덟 개 행성이 있다.

소년은 그 비밀을 풀고 싶었다.

소년은 또래에 비해
체구가 작고 수줍음이 많아
친구들과 잘 어울리지 못했다.

이런 소년에게
반짝이는 별은
꿈과 용기를 주는 대상이었다.

"아빠, 저 별들에 대해
자세히 알고 싶어요."

"칼이 별들의 세계에 푹 빠졌구나.
커서 천문학자가 되면
너의 궁금증을 풀 수 있단다."

칼 세이건은
천문학자가 되기로 마음먹고
집 근처의 도서관을 드나들면서
우주 관련 책을 읽기 시작했다.

그에게 과학 책은
신기한 보물 창고와도 같았다.

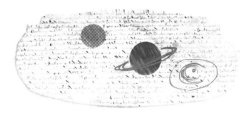

천문학자는
우주를 이루는 은하,
그 은하를 이루는 1,500억 개의 별,
그 별들 주위를 도는 행성을 연구한다.
또 그 행성에 살고 있을지 모를
생명체를 탐구한다.

우주를 알기 위해서는
엄청난 양의 지식이 필요하다.

과학, 수학, 물리학, 생물학, 철학을
공부해야 하는 것은 물론이고
외국어 실력까지 갖춰야 한다.

사소한 현상에도 의문을 품고
그 의문을 풀기 위해
체계적이고 과학적으로 사고하는 훈련을
꾸준히 해 나가야 한다.

칼 세이건은 평생
연구에 필요한 지식을 쌓는 데
게으르지 않았다.

사람들은
그가 생물학을 공부할 때
천문학자가 왜 생물학을 공부하는지
이해하지 못했다.

'이 우주에는
인간만 살고 있는 게 아닐 거야.
다른 생명체에 대해 알려면
생물학에 대한 기초가 있어야 해.'

그는 대중에게
우주의 비밀을 알리는 일에도
적극적으로 앞장섰다.

그가 제작에 참여한 다큐멘터리 〈코스모스〉가
60여 개 나라에서 방영되자
사람들은 이제껏 알지 못했던
우주의 신비에 깊은 감동을 받았다.

"정말 놀랍군!
오늘은 아이들과 함께 밤하늘을
올려다봐야겠어."

29

또 천문학자로서

누구보다 우주의 미래를 걱정했던 세이건은

1980년대, 미국과 소련이 냉전을 벌이면서

핵으로 서로를 위협할 때

핵전쟁으로 일어날 수 있는

'핵겨울'의 위험성을 널리 알려

평화적인 해결책을 찾고자 노력했다.

냉전: 무기를 사용하지 않는
전쟁으로, 정치와 외교, 정보
등을 통한 국제적 대립 관계.

핵겨울: 핵전쟁이 일어나면
나타나게 될 것이라는 추위.

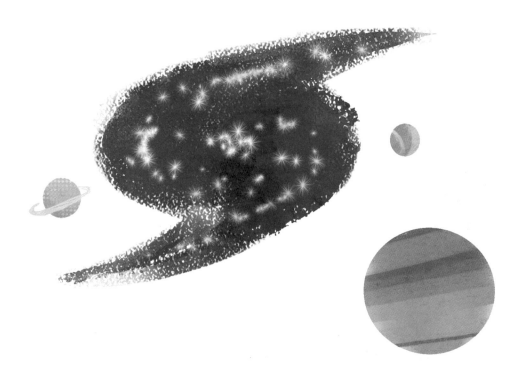

"돈을 많이 버는 일을 해야지.
천문학자가 돼서 뭐하겠다는 거냐!"

어린 시절, 할아버지의 호된 꾸지람을 듣고
훌쩍이는 칼에게 그의 아버지는 말했다.

호되다: 매우 심하다.

"칼, 기죽지 마렴.
네 꿈이 저 밤하늘에 있다면
그 신비를 밝히는 사람이 되는 거야."

이루고 싶은 꿈이 있어
힘든 순간에도 좌절하지 않고
내일을 향해 나아갈 수 있었던 칼 세이건.

꿈을 갖는다는 건
미래의 자신을 위해
마음속에 빛나는 별 하나를
품는 일이다.

세계적인 천문학자에는 누가 있을까요?

* 니콜라스 코페르니쿠스

폴란드의 천문학자로, 태양이 우주의 중심에 있으며 지구는 그 주위를 돈다는 '지동설'을 주장했어요. 이 주장은 지구가 우주의 중심이라고 했던 기존의 우주관과 완전히 정반대되는 것이었지요. '코페르니쿠스의 혁명'이라 불릴 정도로 혁신적인 이론이었답니다.

* 요하네스 케플러

독일의 천재 천문학자 케플러는 우주의 중심이 지구가 아니라 태양이라는 코페르니쿠스의 주장을 수학적으로 입증했어요. 그리고 이를 바탕으로 행성의 운행 법칙 세 가지를 명확히 밝혀냈지요. 이것이 바로 유명한 케플러의 3법칙이에요.

* 윌리엄 허셜

태양계에는 수성, 금성, 지구, 화성, 목성, 토성, 천왕성, 해왕성 등 여덟 개의 행성이 있어요. 그중 천왕성을 발견한 사람이 바로 영국의 천문학자 윌리엄 허셜이에요. 그는 자신이 만든 망원경으로 밤하늘을 관찰하다가 이 행성을 발견했답니다.

천문학자가 되고 싶다고요?

우주의 신비를 밝히는 천문학은 의학과 더불어 인류 역사에서 가장 오래된 학문이에요. 별빛이나 별의 위치 등을 보고 점을 치던 점성술이 그 기원이라고 할 수 있지요. 17세기에 망원경이 발명되면서 놀라운 발전을 이룬 천문학은 연구 분야에 따
라 천체물리학, 위치천문학, 천체역학 등으로 다양하게 나뉘어요.

천문학은 우리의 상식을 뛰어넘는 비밀스러운 우주에 관해 질문을 던지고 그 답을 찾아내는 학문이기 때문에, 천문학자에게는 창의력과 과학적인 사고가 필요해요. 우주에 대한 호기심을 잃지 말아야 하며, 무수히 반복되는 검증을 통해 객관적인 연구 결과를 이끌어 내야 하지요. 천문학자가 되려면 대학에서 천문학을 전공하고 박사 학위까지 받아야 해요. 공부를 다 마친 후에는 대학이나 연구소, 천문대 등에서 일할 수 있어요.

우주와 관련된 직업이 궁금하다고요?

★ 우주 비행사

우주 공간에서 다양한 연구를 수행해야 하는 우주 비행사는 고된 훈련을 받아야 하기 때문에 무엇보다 강인한 체력과 정신력이 필요해요. 또 미지의 공간인 우주에서 일해야 하므로 모험심 많고 용감한 성격이면 좋지요. 비행 실력뿐 아니라 우주에 관한 전문 지식도 갖춰야 해요.

★ 항공 우주 공학자

항공기나 로켓, 인공위성을 연구하고 만드는 일을 해요. 항공 우주 공학은 빠르게 성장하는 과학 분야인 만큼 새로운 지식에 대한 호기심과 탐구 정신이 필요하지요. 대학에서 항공 우주 관련 학과를 전공하거나 전기, 전자, 컴퓨터 등을 공부하면 도움이 돼요.

03 인내심으로 무장한 동물 연구가

👤 동물학자 다이앤 포시

★ 동물을 사랑하고 관찰력과 끈기를 갖춘다

사람들의 편견과 달리 고릴라가 매우 순한 동물이라는 사실을
밝혀낸 사람이 있다. 인간과 고릴라가 친구가 될 수 있다는 것을
보여 준 다이앤 포시. 어떻게 하면 다이앤 포시처럼
멋진 동물학자가 될 수 있을까?

34

동물에게는 감정이 없을까?

동물학자는
동물도 슬픔, 기쁨, 두려움, 분노 등의
감정을 느낀다고 말한다.

코끼리는 아주 기분이 좋으면
큰 귀를 펄럭이면서 주위를 뱅뱅 돌고,
돌고래는 친한 친구를 만나면
서로 지느러미를 비비며 독특한 소리를 낸다.
기린은 핥거나 냄새를 맡으면서 친근감을 나타내고
원숭이나 고릴라는 털을 골라 주면서
애정을 전달한다.

생각해 보기 동물과 친구가 되려면 어떻게 해야 할까요?

알면 알수록
재미있는 동물의 세계.

동물에 대해 더 많이 알고자
자신의 삶을 동물 연구에
바친 사람들이 있다.

우리에게
침팬지 연구자로 알려진 제인 구달,
오랑우탄 연구자로 알려진 비루테 갈디카스,
그리고 또 한 명의 연구자
다이앤 포시.

포시는 아프리카 르완다에 살면서
오랜 세월 마운틴고릴라를 연구했다.

처음부터
고릴라가 그녀에게
마음을 연 것은 아니었다.

그녀가 나타나면
황급히 도망치기 일쑤.

포시는
이런 고릴라에게 다가가기 위해
그들의 표정, 행동, 언어를 흉내 냈다.
고릴라처럼 네발로 기어 보고
고릴라 같은 표정을 짓고
그들이 화났을 때처럼 가슴을 탕탕 두드려 보았다.

또 식습관을 알아내기 위해
변을 채집해 분석하기도 했다.

고릴라를 가까이에서 지켜본 포시는
사람들의 오해나 편견과 달리
고릴라가 사납지 않다는 걸 알아냈다.

성격이 온순해
먼저 사람을 공격하는 일이 거의 없고
모성애 또한 뛰어나다.

마운틴고릴라는
야생초나 버섯, 나뭇잎과 열매를 먹는다.
이렇게 초식 생활을 하면서
단백질 섭취를 위해
작은 곤충을 먹기도 한다.

어느 날, 수컷 고릴라인 피너츠가
포시에게 다가와 손을 만지는 일이 벌어졌다.
몇 년에 걸친 노력 끝에 얻은 결실이었다.

"박사님, 놀랍게도 고릴라 한 마리가
저에게 먼저 손을 내밀었어요!"

그녀는 기쁨을 감추지 못하고
후원자인 리키 박사에게 편지를 썼다.

이 일은
고릴라가 인간에게 다가와 몸을 만진
최초의 일로 기록되었다.

동물학자는
자신이 관심을 가진 분야를 연구한다.

동물의 종을 분류하는 동물 분류학자,
동물의 생태를 연구하는 동물 생태학자,
야생 동물을 보호하는 데 앞장서는
야생 동물 보존학자 등
다양한 분야에서 활동하고 있다.

오랜 시간 동물을 연구하려면
동물에 대한 사랑은 물론이고
집중력과 관찰력, 끈기가 있어야 한다.

어릴 때부터 동물을 좋아한
포시는 수의사가 되려다가
전공을 바꿔 물리치료학을 공부했다.

하지만 그녀는 아프리카 여행을 하다가
마운틴고릴라를 연구하는
동물학자가 되기로 결심했다.

41

고릴라는 인간처럼
가족에 대한 사랑이 매우 깊다.

그래서
새끼 고릴라를 포획하려는
밀렵꾼들은 온 힘을 다해 저항하는
어른 고릴라를 죽음으로 몰아넣곤 한다.

포획하다: 짐승이나 물고기를 잡다.

밀렵꾼: 허가 없이 몰래 사냥하는 사람.

이런 밀렵꾼들 때문에
그녀는 오랜 시간 함께했던
고릴라 친구들을 거의 다 잃었다.

현재 고릴라는
멸종 위기에 처해 있다.

지구가 아름다운 건
여러 동식물이 조화를 이루며
함께 살아가기 때문이다.

동물학자가 아니라도
우리는 어려움에 처한 동물을 보살피거나
그들이 행복하게 살 수 있도록
좋은 환경을 만들어 줄 수 있다.

또 동물을 이해하고
사랑하는 마음으로 노력한다면
다이앤 포시처럼 동물과
따뜻한 우정을 나눌 수 있다.

동물학자가 되고 싶다고요?

동물학은 동물을 연구하는 학문으
로, 연구 분야에 따라 동물분류학,
동물생태학, 동물행동학, 동물생리
학 등으로 다양하게 나뉘어요. 동물
학자가 되려면 대학에서 생물학을 비롯해 동물과 관련된 전공을 한 뒤
대학원에 진학해 계속해서 공부를 해 나가야 해요. 학자는 자신의 관심
분야를 평생 연구하는 사람이에요. 오랜 시간 지치지 않고 동물에 관한
연구를 이어가려면 동물에 대한 애정뿐만 아니라 학문에 대한 열정, 그
리고 탐구심과 끈기가 필요해요. 말이 통하지 않는 동물을 상대로 원하
는 결과를 얻으려면 시간도 오래 걸리고, 비슷한 과정을 수없이 반복해야
하기 때문이지요.

동물과 관련된 직업이 궁금하다고요?

＊ 동물 조련사

동물의 특성을 파악하고 훈련을 시켜 특정한 상황에 맞는 행동을 이끌어
내는 일을 해요. 동물의 먹이와 건강을 관리하고 좋은 환경에서 생활할
수 있도록 위생 상태를 점검하는 것 또한 동물 조련사가 하는 일이에요.
보통은 동물원이나 아쿠아리움에서 일하지만 구조견, 시각 장애인 안내

견, 마약 탐지견 등 특수한 분야에서 제 역할을 해내는 동물을 훈련시키는 조련사도 있어요.

✳ 반려동물 장의사

반려동물의 장례와 관련된 일을 맡아 해요. 동물의 사체를 옮기고 장례식을 주관하며 절차에 따라 화장을 진행하지요. 이 일을 하려면 무엇보다 동물을 사랑하는 마음이 있어야 해요. 슬픔에 잠긴 고객을 대신해 신중하고 엄숙하게 일을 처리하기 위해서는 서비스 정신도 필요하고요. 특별한 자격이나 학력 제한은 없지만 장례에 대한 기본 지식은 반드시 갖춰야 한답니다.

✳ 수의사

동물이 병에 걸리지 않도록 하거나 치료하는 일을 해요. 우리가 감기에 걸리거나 교통사고를 당하면 병원에 가듯이 개나 고양이, 소, 말, 닭을 비롯한 동물도 갖가지 이유로 수의사의 도움을 필요로 하지요. 대학에서 수의학  을 전공한 후 국가 면허 시험에 합격하면 수의사가 될 수 있어요. 동물 병원뿐 아니라 각종 연구소, 동물원, 국가 기관 등에서 일해요.

✳ 야생 동물 재활사

사고로 부상당한 야생 동물을 구조해 치료하고 재활 훈련을 시켜 다시 자연으로 돌려보내는 일을 해요. 야생 동물의 종류 및 부상 정도에 따라 재활 치료 기간이 달라지지요. 반드시 수의학을 전공해야 이 일을 할 수 있는 건 아니에요. 관련 교육 기관에서 공부하면 야생 동물 재활사에 도전할 수 있어요. 동물 병원에서 수의사나 간호사로 일한 경험이 있으면 도움이 많이 된답니다.

04 세심한 관찰력을 가진 곤충 박사

👤 곤충학자 **석주명**

★ 좋아하는 곤충을 주의 깊게 관찰한다

1930년대 우리나라에서는 과학 운동이 활발하게 벌어졌다.
하지만 곤충을 연구하는 사람은 많지 않았다.
이때 석주명은 곤충, 그중에서도 나비 연구에 몰두했고
세계 나비 학회에 조선의 나비를 소개해 큰 주목을 받았다.
나도 석주명처럼 훌륭한 곤충학자가 될 수 있을까?

"저기 아프리카 까마귀가 오는군."

나비를 찾아 산과 들을 헤매느라
얼굴이 까맣게 그을린 한 남자.
친구들은 그를 '아프리카 까마귀'라고 놀렸다.

이 재미있는 별명의 주인공은
바로 곤충학자 석주명.

그는 우리나라 과학사에서
처음으로
조선 나비를 연구한 사람이다.

 어떤 곤충을 좋아하나요? 그 이유는 무엇인가요?

나비 못지않게 각 지역의 방언이나
우리말에도 관심이 많았던 그는
새로운 나비를 발견하면
순우리말로 된 예쁜 이름을 붙여 주었다.

봄에 나타났다가 사라진다고 봄처녀나비,
유난히 날갯짓이 크다고 떠들썩팔랑나비,
굴뚝처럼 까매 보인다고 굴뚝나비,
이외에도 각시멧노랑나비, 번개오색나비 등
저마다 나비의 특징을 잘 살린
재미있는 이름들.

하지만
그가 처음부터 곤충 연구에
관심을 가졌던 것은 아니다.

어린 시절,
공부보다 뛰어노는 것을 더 좋아해
학교에서 낙제점을 받기도 했던 석주명.

각시멧노랑나비

소년 석주명은 스승으로부터
어떤 일이든 10년만 열심히 하면
그 분야의 최고가 될 수 있다는 말을 듣고
자신이 좋아하는 일이 무엇일까 생각했다.

굴뚝나비

번개멧빗나비

49

'나는 어릴 때부터 동물이나 새를 좋아했으니
이와 관련된 일을 해 보면 어떨까?
곤충 연구도 재미있겠어.
그중에서도 나비를 연구해 보는 거야!'

일본에서 농림 학교를 졸업한 뒤
곤충학자가 되기로 마음먹은 그는
우리나라로 돌아와 10년 동안 전국을 돌아다니면서
수많은 조선 나비를 채집하고 연구했다.

채집하다: 식물이나 곤충 등을
캐거나 잡아서 모으다.

곤충학자는
곤충이 태어나서 성장하는 모든 과정을 관찰한다.
또 곤충의 여러 특징을 연구한다.

나비를 연구한다면
나비의 날개 길이
나비의 색깔
나비의 모양
나비의 습성 등을
꼼꼼하게 살핀다.

습성: 공통되는 생활 양식이나
행동 양식.

나비는 같은 종이라고 해도
성별과 계절에 따라 크기와 무늬가 다르다.

"나는 나비 논문 한 편을 쓰기 위해
배추흰나비 16만여 마리를
열심히 분석한 적도 있지요."

그는
크기나 모양이 약간만 달라도
다른 이름을 붙이던
일본 나비 학자의 잘못된 연구 결과를 바로잡아
세계 곤충 학회의 주목을 받았다.

또 나비가 나타나는 지역을
지도에 표시한
나비 지도를 만들었다.

평소 그의 머릿속은 온통 나비로 가득했다.

먹고 자는 시간 외에는

나비를 채집하러 다니거나

연구실에 박혀 연구에 전념했다.

그는 점차 세계적인 곤충학자로 널리 이름을 알렸고,

하버드 대학에서 경제적 원조를 받아

더욱 활발히 연구할 수 있었다.

원조: 물품 혹은
돈으로 도와주는 것.

"생전 처음 보는 나비야,
저 나비를 쫓아가야 해!"

나비를 찾아
하루 종일 제주의 숲을 돌아다니느라
몸 여기저기 긁힌 자국이 많았지만
그의 표정은 더없이 밝았다.

2년간 제주에 머물면서
나비 연구에 몰두했던 그는
제주 방언에 관한 논문을 쓰는 등
순수한 우리말을 연구하는
언어학자로도 활동했다.

매미, 귀뚜라미, 무당벌레, 잠자리 등
늘 우리 곁에 찾아오지만
무심코 지나쳐 버리는 곤충.

이런 곤충에 대해
더 많이, 더 깊이 알고 싶어
그것을 연구하는 곤충학자.

우리가 손쉽게 구할 수 있는
곤충 도감이나 곤충의 생태에 관한 책은
바로 곤충학자의
쉼 없는 노력 끝에 얻게 된
값진 선물이다.

곤충에 관한 생생한 기록, 《파브르 곤충기》

프랑스의 곤충학자 파브르가 약 30년에 걸쳐 10권으로 완성한 대표적인 곤충 연구서예요. 다양한 곤충을 생동감 있게 묘사하고 있는 이 책은 기존 연구의 틀을 깨고 철저한 검증을 바탕으로 곤충에 대한 잘못된 생각들을 바로잡는 데 공헌했지요. 사냥벌에 관한 논문에 감동받아 곤충을 연구하기 시작한 파브르는 특유의 검정 모자를 쓰고 길가에 엎드려 있기 일쑤여서 이상한 사람으로 오해받기도 했대요. 그의 관찰 방법과 연구 태도는 이후 생물학 발전에 큰 영향을 끼쳤답니다.

곤충학자가 되고 싶다고요?

개미, 모기, 매미, 벌, 잠자리, 사마귀, 무당벌레 등은 우리 주변에서 쉽게 찾아볼 수 있는 곤충이에요. 지금까지 알려진 곤충은 약 100만 종으로 식물이나 동물보다 그 수가 훨씬 많아요. 곤충학자는 이러한 곤충을 형태와 특성에 따라 분류하고, 어떻게 살아가는지, 특정한 상황에서 어떤 행동을 보이는지에 대해 연구해요.

또 곤충을 산업적으로 활용하는 방법을 연구하기도 하지요. 미래의 식량 자원으로 우리가 먹을 수 있는 곤충을 개발하고, 곤충에서 의학적 효능이 있는 물질을 찾아내기도 한답니다. 평소 자연에 관심이 많고 관찰력이 뛰어나며 새로운 곤충을 직접 찾아나설 수 있는 모험심과 용기가 있다면 곤충학자에 도전해 보세요.

법곤충학자에 대해 알아볼까요?

곤충학의 한 분야인 법곤충학은 죽은 시체에서 발견되는 곤충을 연구해 범죄 수사에 도움을 주는 학문이에요. 법곤충학자는 곤충의 성장 시기와 생리적 특성 등을 바탕으로 시신의 사망 시간을 밝혀내지요.

예를 들어 시체에서 흔히 발견되는 파리는 알에서 구더기로, 구더기에서 번데기로 변하는 변태 과정을 거쳐 파리로 성장하는데, 단계별로 변화하는 데 걸리는 시간(기온이나 습도에 따라 차이가 나요)을 감안하면 사람이 죽은 지 몇 시간 혹은 며칠이 지났는지 알 수 있답니다.

또 시체에는 부패 단계에 따라 다른 종류의 곤충이 몰려들기 때문에 이를 통해서도 사망 시간을 추측해 볼 수 있어요. 가장 먼저 찾아온 금파리나 쉬파리 등의 파리가 알을 낳고 떠나면 딱정벌레가 모습을 드러내요. 그다음에는 개미나 나방, 쥐며느리 등이 나타나지요.

이뿐만 아니라 계절이나 지역, 토양, 기온 등 환경 요인에 따라 곤충의 종류와 그 성장 속도가 달라 법곤충학자는 이에 관한 분석을 바탕으로 시신의 사망 장소도 알아낼 수 있답니다.

05 식물의 세계를 탐사하는 학자

👤 식물학자 **현신규**

★ 식물을 채집하고 직접 길러 본다

황무지 같던 땅이 푸른 숲으로 바뀌자 사람들은 기적이
일어났다고 했다. 우리나라에 기적을 선물한 현신규 박사.
그는 실험 정신과 성실성이 돋보이는 식물학자였다.
그는 어떻게 기적을 만들어 냈을까?

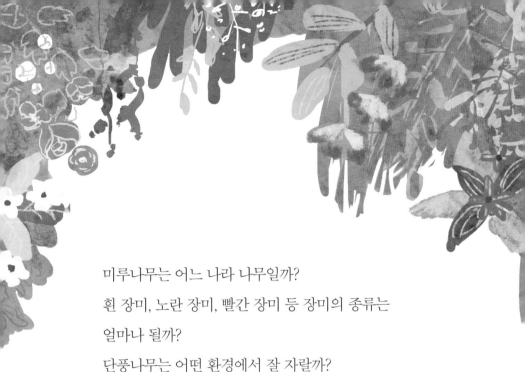

미루나무는 어느 나라 나무일까?

흰 장미, 노란 장미, 빨간 장미 등 장미의 종류는

얼마나 될까?

단풍나무는 어떤 환경에서 잘 자랄까?

옥수수 씨앗은 어디서 왔을까?

관심을 가지고 바라보면

언제나 우리 곁에 있는

각양각색의 식물.

 독이 든 식물은 어떻게 구별해 낼 수 있을까요?

사람들이 식물에 관심을 갖고
본격적으로 연구한 지는
그리 오래되지 않았다.

200~300년 전쯤,
다른 나라에는 어떤 식물이 자라는지
궁금해하던 사람들이 있었다.

그들은 급기야 먼 나라까지
식물 탐험에 나섰다.

유럽에서 아프리카로
아프리카에서 아시아로
아시아에서 중남미로
사막과 정글도 마다하지 않고
식물을 채집하기 위해
먼 길을 마다하지 않았다.

최초의 식물학자는
이런 식물 채집가들이었을 것이다.

식물학자는
식물에 관한 모든 것을 연구한다.

식물이 가진 고유의 성질과
각기 다른 향, 독, 씨앗과 열매,
그리고 성장 과정 등을
자세히 관찰한다.

또 상수리나무는
어떤 기후에서 잘 자라는지
소나무는 어느 토양에서
더 잘 크는지 등을 알아내
알맞은 장소에 알맞은 나무를 심도록
정보를 제공한다.

우리나라에도
'나무 영웅'이라는 별명을 가진
유명한 식물학자가 있다.

일제 강점기: 우리나라가
일본의 식민 통치를 받던
1910~1945년의 시기.

일제 강점기를 보내고
한국 전쟁을 겪는 동안
우리 강산은 점점 황무지로 변해 갔다.

'산과 들, 거리 곳곳에
있어야 할 나무가 없다니
너무 가슴 아픈 현실이구나.'

1951년, 미국 캘리포니아 대학에서
산림유전학을 연구하고 돌아온
현신규 박사는 우리나라에 맞는 나무를
보급하기로 마음먹는다.

보급하다: 골고루 나누어
많은 사람이 누리게 하다.

따뜻한 하와이에서
잘 자라는 나무도 있지만
추운 러시아에서
잘 자라는 나무도 있다.

같은 소나무 종이라도
리기다소나무와 테다소나무는
서로 다른 특징을 가지고 있다.

미국 동북부가 원산지인
리기다소나무는 곧게 자라지 않아
목재로는 별로 가치가 없지만
척박한 땅에서 잘 자라고 추위에도 강하다.

테다소나무는
재질도 좋고 생장도 빠르지만
추위에 약하다는 단점이 있다.

생장: 나서 자라는 과정.

'우리나라에서도 잘 자랄 수 있도록
이 두 나무의 장점을 살린
새로운 소나무를 만들어 낼 수는 없을까?'

그는 소나무 연구에 온 열정을 쏟았다.
밤늦게까지 그의 연구실엔 불이 꺼지지 않았다.

이런 노력 끝에 두 종을 교잡한
리기테다소나무가 탄생했다.

교잡: 생물의 암수를
인공적으로 수정시키는 것

리기다소나무가 아빠, 테다소나무가 엄마인
리기테다소나무는 부모의 장점만 갖고 태어났다.

몸이 곧고 추위에도 잘 견디며
메마른 땅에서도 잘 자랐다.

식물학자는
꽃 한 송이, 풀 한 포기에도
관심을 갖는다.

식물이 잘 자랄 수 있는
환경을 만들어 주고
그것을 보호하는 일에 정성을 쏟는다.

현신규 박사는
나무를 심고 가꾸며
연구하는 일에
자신의 삶을 바쳤다.

"평생 나무하고만 살았다.
사람 마음속은 헤아릴 줄 몰라도
나무의 아픔은 가늠할 줄 알고
나무와 대화하면서
나무의 중요성을 더욱 실감하게 되었다."

그와 같은 식물학자가 있었기에
우리의 국토는 전쟁의 상처를 딛고
다시 푸른 숲을 되찾을 수 있었다.

식물의 이름은 어떻게 지을까요?

과거에는 식물을 발견한 사람이 마음대로
이름을 붙였어요. 그렇다 보니 같은 식물을
두고 나라마다 서로 부르는 이름이 달라 혼
란에 빠지기 일쑤였지요. 이에 문제를 느낀
스웨덴의 식물학자 린네는 원칙을 세워 식물의 학명을 정하기 시작했어
요. 라틴어로 되어 있는 학명은 속명과 종명이라는 두 개의 이름으로 이
루어져요. 예를 들어 우리가 은행나무라고 부르는 나무의 학명은 징코 빌
로바예요. 이 가운데 '징코'는 속명, '빌로바'는 종명이지요. 린네가 이와
같은 식물의 이름법을 정한 이후 전 세계 과학자들은 혼란 없이 식물의
이름을 똑같이 공유할 수 있게 되었답니다.

식물학자가 되고 싶다고요?

식물학은 식물의 생활과 다양한 현상에 관해 연구하는 학문이에요. 독
이 든 식물이나 약효가 있는 식물을 가려내는 등 인간의 필요에 의해 식
물 연구가 시작되었지요. 식물학의 연구 분야는 매우 다양한데 식물형태
학, 식물생리학, 식물분류학 등 기초 분야와 임학, 원예학, 경제식물학 등
응용 분야로 나뉜답니다. 식물학자가 되려면 대학에서 생물학, 임학, 원
예학 등을 전공하고 대학원에서 석사와 박사 학위를 받아야 하지요. 졸업

후에는 대학이나 연구소, 수목원, 산림청 등에서 일할 수 있어요.

식물과 관련된 직업이 궁금하다고요?

* 수목 관리원

공원이나 도로, 공공 시설 등에 심은 나무를 아름답고 건강하게 가꾸는 일을 해요. 농약을 뿌려 병충해를 막아 주고, 나무의 생장을 돕기 위해 잡초를 뽑고 비료를 주기도 하지요. 또 적절한 시기에 가지치기를 해서 웃자람(물이나 햇빛이 부족해 가지나 줄기가 보통의 경우보다 길고 연하게 자라는 것)을 막고 보기에도 좋게 관리해요.

* 원예 치료사

각종 꽃이나 식물을 활용해 육체적·정신적 상처를 갖고 있는 사람의 재활을 도와요. 함께 정원을 가꾸거나 텃밭에서 식물을 재배하면서 운동 능력을 향상시키고 심리적 안정을 되찾아 주지요. 원예 치료사가 되는 데 특별한 자격 제한은 없지만 대부분 전문 기관에서 교육을 받아요. 또 대학에서 원예학이나 심리학, 재활의학, 사회복지학 등을 전공하면 도움이 된답니다.

* 임목 육종 연구원

생물의 유전적 성질을 이용해 새로운 품종을 만들어 내거나 기존 품종을 개량하는 일을 육종이라고 해요. 임목 육종 연구원은 산림 자원의 생산량을 증대시키기 위해 우량 품종을 선별해 기르고, 병충해나 환경 오염에 강한 품종을 개발하지요. 또 우리나라에서만 나고 자라는 나무를 보존하는 데 힘쓰기도 해요. 밤나무나 감나무, 사과나무처럼 열매가 열리는 나무, 조경에 이용되는 나무의 연구에 특히 신경을 쓴답니다.

2부

지구 환경 보호에
앞장서는 직업

푸른 숲을 지키는 환경 파수꾼

👤 환경 운동가 **왕가리 마타이**

★ 자연과 생명의 가치를 소중히 여긴다

어려운 가정 환경 속에서도 공부를 포기하지 않고
동아프리카 최초의 여성 박사가 된 왕가리 마타이.
그녀는 평생 아프리카의 자연을 지키는 일에 앞장섰다.
왕가리 같은 환경 운동가가 되려면 어떤 노력을 기울여야 할까?

아프리카 대륙 동쪽에 위치한
케냐의 작은 시골 마을.
원숭이가 사는 무화과나무 숲에서
아이들이 뛰어놀고 있었다.

"왕가리, 이 나무에 열린 열매 좀 봐.
우리 이걸 따 가자."
"그래. 하지만 동물이 먹을 것도 남겨 놓아야 한다고
아버지가 말씀하셨어."

어린 시절, 친구들과 함께 숲 속을 누비면서
자연의 소중함을 깨달은 왕가리 마타이.
그녀는 케냐의 여러 부족 가운데 하나인
키쿠유 족의 후손이었다.

자연을 사랑하는 키쿠유 족은
조상이 물려준 무화과나무를
특별히 신성시했다.

 신성시하다: 어떤 대상을
함부로 가까이할 수 없을 만큼
거룩하게 여기다.

 일상에서 환경을 보호하는 일에는 무엇이 있을까요?

당시 영국의 식민지였던 케냐는
많은 이들이 땅을 빼앗긴 채
굶주린 생활을 이어갔다.
왕가리의 가족도 가까스로
끼니를 해결할 만큼 가난했다.

왕가리는 엄마를 도와
땔감을 구하고 물을 길어 왔다.
하지만 그녀의 부모는
딸이 앞으로 더 나은 삶을 살기를 원했다.

"왕가리, 너도 학교에 다니렴."

그녀는 어려운 형편에도
자신을 학교에 보내 준
부모님을 떠올리며 성실히 공부했다.

그 결과 고등학교를 졸업한 뒤
장학금을 받아 미국의 피츠버그 대학에서
생물학을 전공할 수 있었다.

공부를 마치고 귀국한 왕가리.
그녀는 바로 고향을 찾았다.
그러나 그곳은 몰라볼 정도로 변해 있었다.

"여기에 있던 샘은 어디로 갔나요?"

무화과나무가 있던 자리가 빈터로 변하고
물이 흘러야 할 곳이 메마른 흙으로 뒤덮여 있는 풍경에
왕가리는 충격을 받았다.

산에 있던 나무가 사라지자
홍수와 가뭄이 심해지고
마을 가까이에 있던 샘이 사라지자
여자들은 더 먼 곳에 가서 물을 길어 와야 했다.

'자연이 파괴되는 걸
이대로 두고 볼 수 없어.
나무 심기 운동을 벌여
숲을 되살려야 해!'

왕가리는 케냐의 여성 위원회를 찾아가
도움을 요청했다.

"숲과 샘이 없어지니 여성의 삶이 더 힘들어졌어요.
힘을 합쳐 숲을 되찾아야 해요."

왕가리가 시작한 그린벨트 운동은
케냐 곳곳으로 퍼져 나갔고
사람들에게 큰 호응을 얻었다.

그린벨트 운동: 도시의 자연환경을
보호하고 유지하기 위해 풀이나
나무를 심는 것.

하지만 모든 사람이 그녀를 이해했던 것은 아니다.
사랑하던 남편도 그중 하나였다.

나무 한 그루를 더 심는다고
무엇이 달라지냐고 묻는 사람들.

그때마다 그녀는 대답했다.

"이 땅에 새로운 희망이 자라는 거예요."

환경 운동가는
누구보다 자연의 중요성을
잘 알아야 한다.

환경 운동에 반대하는 사람을
설득할 수 있는 논리와 지식도 필요하다.

나무가 자라는 데 시간이 걸리듯
환경 운동을 하더라도
지금 당장 성과를 얻을 수 있는 것은 아니다.
그러나 바로 눈앞에
어떤 결과물이 보이지 않는다고 해서
그것이 헛된 일은 아니다.

환경이 잘 보존되면
그만큼 인간의 삶은 윤택해진다.
깨끗한 물과 공기를 마실 수 있어
더 건강한 삶을 살 수 있다.

재 활 용

환경 운동가가 되기 위해
반드시 환경과 관련된 학과에
진학해야 하는 것은 아니다.

왕가리도 처음부터 환경 운동가를 꿈꾸며
생물학을 전공한 것은 아니었다.

법학을 공부한다면
환경 관련법을 개선하는 데 힘쓰고
출판을 전공한다면
환경을 다루는 책을 만들 수 있다.

개선하다: 잘못된 것, 나쁜 것을
고쳐 더 좋게 만들다.

또 전공과 상관없이 기획력이 뛰어나면
환경에 관한 다양한 프로그램을 개발할 수도 있다.

이렇듯 각자의 자리에서
자신이 할 수 있는 일을 찾아
환경 운동을 할 수 있는 것이다.

나무를 팔아 돈을 벌고
나무를 베어 낸 자리에 건물을 세워
이득을 얻으려는 사람들에게
왕가리 같은 환경 운동가는
눈엣가시와도 같다.

눈엣가시: 몹시 밉거나 싫어
늘 눈에 거슬리는 사람.

그런 이유로 케냐 정부는
그녀를 감옥에 가두었다.

감옥에서 나온 후 카루라 숲을 지키기 위해
또다시 시위를 벌이던 왕가리는
이번엔 폭행을 당한다.

숲을 살리려는 왕가리의 헌신적인 노력은
전 세계 사람의 마음을 움직였고
세계 언론은 앞다투어 케냐 정부를 비판했다.
많은 이들의 응원에 힘입어
왕가리는 카루라 숲을 지키는 데 성공할 수 있었다.

참으로 값진 승리였다.

30년 동안 아프리카에
3,000만 그루가 넘는 나무를 심은
왕가리 마타이.

그녀는 나무 심기를 통해
아프리카의 환경을 되살렸고
여성 스스로 자신의 삶을 가꾸어 갈 수 있도록 도왔으며
케냐의 민주주의가 발전해 나가는 계기를 마련했다.

이러한 공로를 인정받아
2004년 노벨 평화상 수상자로 선정되었다.

공로: 어떤 일을 마치거나
목적을 이루는 데 들인
노력과 수고

그녀의 삶이 보여 주는 것처럼
환경을 지키는 일은 세계 평화를 지키는 일이다.

세계적인 환경 단체에는 무엇이 있을까요?

* 그린피스

지구의 자연환경을 보호하고 핵 실험 반대를 통해 세계 평화를 증진하려는 목적으로 설립된 국제 환경 보호 단체예요. 1971년 활동을 시작한 그린피스는 환경 감시선을 타고 세계 곳곳을 돌아다니면서 방사능 폐기물의 불법 유출을 막고, 고래를 비롯한 해양 생물을 보호하는 일에 힘쓰고 있어요.

* 세계자연보호기금

1961년에 설립된 세계 최대의 환경 단체예요. 본래 세계야생생물기금이던 것이 현재의 이름으로 바뀌었지요. 세계자연보호기금은 야생 동물과 원시 자연을 보호하는 데 앞장서 왔어요. 최근에는 지구 온난화와 환경 오염, 생물종 다양성 문제에도 관심을 기울이고 있답니다.

환경 운동가가 되고 싶다고요?

환경 운동가는 숲을 보호하고 유해 물질의 사용을 막는 등 자연 생태계를 보전하는 데 앞장서는 일을 해요. 이들은 환경의 중요성을 알리기 위해 캠페인을 벌이고 시민들이

참여할 수 있는 각종 행사와 교육 프로그램을 기획하지요. 무분별한 개발

공사로 자연이 훼손되는 현장으로 달려가 시위를 벌이기도 하고, 모금 활동을 통해 환경 개선 사업에 힘을 보태기도 한답니다. 환경 운동가가 되고 싶다면 환경에 대한 문제 의식을 분명히 하고, 각종 사회단체에서 봉사 활동을 해 보는 것이 좋아요.

사회단체 활동가에 대해 알아볼까요?

각종 사회 문제를 자발적으로 해결하기 위해 사회단체를 조직하고 활동하는 사람을 사회단체 활동가라고 해요. 관심 분야에 따라 환경 운동가, 인권 운동가, 여성 운동가 등으로 나뉘지요. 사회단체 활동가는 자신들의 활동과 관련된 다양한 정책을 기획하며, 교육이나 홍보를 위한 프로그램을 다양하게 진행해요.

* 인권 운동가

인권 운동은 개인이 누려야 할 기본적인 자유와 권리가 보장되도록 힘쓰는 활동으로, 인권 운동가는 주로 인종 차별이나 신분 차별, 기아 구제 문제를 다뤄요. 흑인 인권 문제에 앞장선 마틴 루터 킹 목사와 넬슨 만델라 대통령이 대표적인 인권 운동가지요.

* 여성 운동가

여성 운동은 남녀 성 평등을 실현하기 위해 벌이는 활동으로, 여성 운동가는 성차별 없이 모두가 주체적으로 살아갈 수 있는 사회 환경을 만들기 위해 노력해요. 특히 여성 빈곤 문제를 해결하기 위해 여성 일자리 마련에 노력을 기울이지요. 여성 축제, 여성 문화제 등 여성과 관련된 다양한 행사를 열어요.

07 친환경 에너지를 연구하는 과학자

👤 대체에너지 개발 연구자 **이현수***

★ 환경 문제에 관심을 갖고 그 해결책을 찾아본다

석유와 같은 에너지 자원은 남아 있는 양이 점차 줄어들고
환경 오염도 발생시킨다. 이 때문에 21세기의
가장 큰 숙제는 대체에너지 개발. 새로운 에너지를 찾는 데
힘쓰는 대체에너지 개발 연구자에 도전해 보면 어떨까?

방글라데시에는
강을 따라 마을을 돌아다니는
수상 학교가 있다.

교육을 받지 못하는 아이들을
배로 직접 찾아 나서는 학교.

한 마을에서 수업이 끝나면
아이들을 집에 데려다주고
다른 마을로 향한다.

이 학교에서 수업 시간에 사용하는
노트북은 일반 전력기가 아닌
태양열 전지판을 통해 전력을 공급받는다.

태양열 전지판: 태양열을
전기로 바꾸어 전력을 공급해
수는 장치.

 대체에너지가 개발되면 더 이상 공기가 오염되지 않을까요?

대체에너지 개발 연구자인 이현수 선생님에게
수상 학교에 관해 이야기를 듣던
승목이는 한 가지 궁금증이 생겼다.

"선생님, 전기가 아닌 태양열을 이용해
노트북을 켤 수 있단 말이에요?"

태양열: 태양에서 나와 지구에
도달하는 열을 말한다. 대기나
구름에 흡수되는 양이 많아
실제로 지구 표면에 도달하는
양은 태양이 내는 열에 비해
매우 적다.

"그렇단다. 낮 동안 모은 햇볕을 전기로 바꿔
사용하는 거지. 이렇게 기존의 에너지를 대신하는
태양열 같은 것을 바로 대체에너지라고 한단다."

가난한 나라에서는
전력 공급이 충분하지 않기 때문에
대체에너지가 무척 소중하게 쓰인다.

태양열 전지판을 통해
낮에 모아 놓은 태양 에너지는
밤에 랜턴을 켜는 데 사용된다.

촛불 아래서 공부해야 하는 아이들에게
이 랜턴은 무척 소중한 도구다.

랜턴: 손에 들고 다니는 등.

앞으로는 전 세계 사람들이
대체에너지를 더 많이 활용하게 될 것이다.

공장에서 기계를 작동시키고
자동차를 굴러가게 하는
석유 같은 에너지 자원이
점점 줄어들고 있기 때문.

대체에너지를 개발하지 못한다면
기계를 돌릴 수 없고
결국 우리에게 꼭 필요한 물건을
만들기 어려워진다.

한번 상상해 보자.

여행을 가는데 갑자기
자동차가 멈춘다면?
캄캄한 밤에
전깃불이 모두 나간다면?
추운 겨울, 목욕을 하는데
찬물만 나온다면?

고갈되다: 어떤 일을 하는 데
필요한 물건이나 재료가 다
없어지다.

에너지가 고갈되어
이런 현상이 벌어진다면
우리의 일상생활은 어떻게 변할까?

승목이는 선생님에게 물었다.

"석유를 대신할 수 있는
대체에너지에는 무엇이 있나요?"

"대체에너지의 개념은 나라마다 조금씩 다르지만
주로 태양 에너지, 풍력 에너지, 해양 에너지,
지열, 바이오매스 에너지 등이 있단다."

태양열이나 태양광은 대표적인 태양 에너지로,
영국과 일본 등에서 꾸준히 연구해 왔고
에너지와 자원 절약으로 환경 오염을 최소화하는
친환경 건축물에 많이 활용되고 있다.

태양열로 움직이는 로봇,
태양광을 이용한 입체 영화관,
풍력으로 나는 우주선이 만들어지면
얼마나 재미있을까?
과학은 무한한 상상력에서 출발한다.

창의력이 뛰어나고
뭔가 새로운 것을 만드는 일에
흥미가 있다면,
대체에너지 개발 연구자로서
소질이 있는 것이다.

대체에너지 개발 연구자가 되려면
평소 에너지 분야 못지않게
환경 문제에도 관심을 기울여야 한다.
어떻게 하면 매연을 줄여
공기를 깨끗하게 만들 수 있을지
그 해결책을 고민해 보는 데서
대체에너지 개발이 시작되기 때문이다.

또 자신이 개발한 에너지를
일상생활 속에서
어떻게 활용할 수 있을지
보다 넓은 시선으로 바라볼 수 있어야
훌륭한 대체에너지 개발 연구자가
될 수 있다.

"대체에너지를 개발하면 흥미진진한 일을
많이 할 수 있을 것 같아요.
제가 개발한 에너지로 남극까지 가는 항공 모함을
만들 수 있다면 얼마나 좋을까요?"

탐구심이 뛰어난 승목이는
오늘부터 대체에너지를 개발해 보겠다며
선생님에게 꾸벅 인사를 하고는
운동장으로 뛰어나갔다.

"땅에 떨어진 나뭇잎으로도
대체에너지를 만들 수 있을지 모르잖아요!"

대체에너지에 대해 알아볼까요?

땅에 묻혀 있는 석유와 석탄은 사용할 수 있
는 양에 한계가 있어요. 또 공기를 오염시키
는 주범이기도 하지요. 이 때문에 세계 여러
나라에서는 이를 대신할 수 있는 대체에너
지 개발에 힘을 쏟고 있답니다. 대체에너지
에는 태양열이나 태양광을 통해 얻는 태양
에너지, 바람을 이용한 풍력 에너지, 화산 분출 등으로 땅속에서 나온 지
열, 여러 식물이나 음식물 쓰레기, 동물의 분뇨를 발효시키거나 태울 때
얻어지는 바이오매스 에너지 등이 있어요.

태양열 발전과 태양광 발전은 어떻게 다를까요?

'태양열' 발전은 반사경이나 전지판 등을 이용해 태양열을 모으고, 이 열
로 물이나 기름을 끓일 때 발생하는 수증기의 압력으로 발전기를 돌려
전기를 생성하는 원리예요. 이와 달리 '태양광' 발전은 열을 모으는 과정
없이 두 개의 반도체로 이루어진 태양 전지를 이용해 태양 빛을 바로 전
기로 바꾸지요. 둘 다 환경 오염 없이 에너지를 얻는다는 장점이 있지만,
해가 나지 않는 날에는 전기를 얻을 수 없다는 단점도 있어요. 이를 극복
하기 위해 연구자들이 계속해서 노력을 기울이고 있답니다.

대체에너지 개발 연구자가 되고 싶다고요?

날로 심각해지는 환경 오염과 에너지 고갈
로 대체에너지 개발이 꼭 필요해진 만큼,
대체에너지 개발 연구자는 앞으로 해야 할
일이 무척 많아요. 우리가 종종 전기 차를
볼 수 있는 것도 이들의 노력 덕분이지요. 태양열, 풍력, 지열, 바이오매스
등 다양한 분야에서 연구가 이루어지기 때문에 관심 분야를 먼저 정한
후 대학의 관련 학과에 진학해야 해요. 졸업 후에는 각종 대체에너지 개
발 업체나 연구소, 공공 기관 등에서 일할 수 있어요.

에너지 개발과 관련된 직업이 궁금하다고요?

＊ 에너지 공학 기술자

석유와 석탄, 천연가스와 같은 에너지 자원을 땅속에서 추출해 내는 데
필요한 각종 시설이나 장비, 시스템을 연구하고 개발하는 일을 해요. 또
자원이 묻혀 있는 곳을 탐사하는 데도 참여하지요. 광산 및 석유 회사, 천
연가스 업체, 자원 개발 업체 등에서 일해요.

＊ 핵융합로 연구 개발자

핵융합이란 엄청난 고온에서 가벼운 원자핵이 서로 합쳐져 무거운 원자
핵으로 변하는 것을 말해요. 이 과정에서 수많은 양의 에너지가 발생하는
데, 이러한 핵융합 에너지를 발생시키고 그것을 전기로 바꾸는 데 필요한
시스템을 핵융합로라고 하지요. 핵융합로 연구 개발자는 친환경 에너지
인 핵융합 에너지를 현실에서 사용 가능하도록 하기 위해 핵융합로를 연
구 개발하는 일을 한답니다.

08 지구 오염을 줄이는 환경 리더

👤 환경공학자 민수혁*

★ 환경을 보호할 수 있는 작은 일부터 실천한다

환경에 대한 관심이 높아지면서 사람들은
물건 하나를 고르더라도, 집이나 건물을 보더라도
친환경적으로 만들어진 것인지 궁금해한다.
지구의 오염을 줄이는 데 기여하는 환경공학자는
어디에서 무슨 일을 어떻게 할까?

친구들과 신나게 축구 시합을 벌인 뒤
집으로 돌아가던 민호는
골목 한쪽에서 무언가를
뒤적이는 민수혁 아저씨를 만났다.

"아저씨, 여기서 뭐하세요?"

"누군가 이 옷들을 버리려고 내놓았는데
깨끗해 보이지 않니?
건널목 앞에 있는 시민 단체에 기부하면
어떨까 해서 살펴보고 있단다."

환경공학자인 아저씨는
우리 동네 환경 지킴이로 불린다.

 생각해보기 환경을 보전하기 위해 내가 할 수 있는 일은 무엇일까요?

"쓸모 있는 것까지 그대로 버리면
결국엔 환경 오염을 일으키는 원인이 돼.
그래서 되도록 쓰레기를 줄여야 하지.
나 같은 환경공학자는 환경 오염을
줄일 수 있는 방법을 찾고 연구한단다."

이날
민호는 환경공학자가 무슨 일을 하는지
처음으로 궁금해졌다.

환경공학자는
강이나 바다, 토양, 대기 등
환경 속에 들어 있는
각종 오염 물질을 줄이기 위해
다양한 기술을 개발한다.

하루에도 수십 톤씩 쌓이는 음식물 쓰레기나
가전제품, 의류, 식품 등을 생산하는
수만 개의 공장에서 발생하는 폐기물이
아무런 처리 과정 없이 그대로 버려질 경우
지구는 제대로 숨을 쉴 수가 없다.

오염 물질을 최소화하는
안전 대책을 세우고
이를 정화하기 위한 시설의
설계나 공사에 참여하는 것도
환경공학자의 역할이다.

정화: 더러운 것을
깨끗하게 함.

그러기 위해서는
오염의 원인을 밝혀내는 분석력과
그 문제를 해결하거나 새로운 방안을
제시할 수 있는 창의력이 필요하다.

친환경 건축물로 유명한
캐나다의 휘슬러 도서관은
자연 재료를 사용해 지은 건물로,
여름에는 도서관 내부로 열기가 들어오지 않고
겨울에는 지붕에 쌓인 눈이
단열재 역할을 하도록 설계되었다.

단열재: 보온을 하거나
열을 차단할 목적으로
쓰는 재료.

환경공학자는
이처럼 환경을 고려한
기술 개발에도 힘쓴다.

위슬러 도서관

환경공학자는 활동 분야에 따라
대기 환경공학자, 수질 환경공학자,
해양 환경공학자 등으로 다양하게 나뉜다.

환경 문제가 심각해질수록
이들이 할 일도 그만큼 많아진다.

민호는 문득 궁금해졌다.

"어떻게 해야 환경공학자가 될 수 있나요?"

"우선 자연을 사랑해야지.
나는 어릴 때부터 주변 환경을
깨끗이 하는 일에 관심이 많았어.
학교 다닐 땐 수학을 제일 좋아했는데
환경공학을 공부하려면
수리 논리력이 필요하단다.
그러니까 수학과 과학 공부를
열심히 하면 도움이 될 거야."

수리 논리력: 수학과 자연 과학
이론이나 법칙을 올바로
이해하고 말할 수 있는 능력.

민호는 아저씨를 보면서
자신은 환경 보호를 위해
무슨 일을 할 수 있을지 생각해 보았다.

그리고
음식물 쓰레기를 줄이기 위해서라도
앞으론 편식을 하지 말고
밥과 반찬을 남김없이
모두 먹겠다고 결심했다.

민호의 이 각오가 변치 않기를!

환경공학자가 되고 싶다고요?

환경공학자는 대기, 수질, 토양, 해양 등 각종 환경 문제의 공학적 해결 방법을 연구해요. 환경 오염 정도를 측정하거나 오염을 방지할 수 있는 시설을 설계하고 이  와 관련된 기술을 개발하지요. 또 각종 환경 시설이 제대로 운영되고 있는지 감독하며, 환경 보전 정책을 만들기도 한답니다. 환경공학자에게는 환경 문제의 원인을 밝히고 그 해결 방안을 생각해 낼 수 있는 창의력이 필요해요. 또 현장 조사를 위해 오염된 곳이나 소음이 큰 곳에 나가는 경우가 많기 때문에 일에 대한 사명감과 인내심이 뒷받침되어야 하지요. 환경공학자가 되려면 환경공학, 화학공학, 토목공학 등과 관련된 학과의 석사 이상 학위가 있어야 하며, 각종 환경 관련 연구소나 폐기물 처리 업체, 건설 회사 등에서 일해요.

환경과 관련된 직업이 궁금하다고요?

★ 수질 관리 기술자

댐이나 저수지, 그리고 우리가 매일 먹는 물이나 공업에 사용되는 물을 보관하는 상수원 등의 수질을 관리해요. 물은 우리 생활에 꼭 필요한 자원이기 때문에 수질 상태를 안전하게 유지하는 것은 매우 중요한 일이에

요. 수질 관리 기술자는 온도, 산도, 염소의 양 등 다양한 항목을 규칙적으로 검사해서 수질을 관리하지요. 또 현장 조사를 통해 물을 오염시키는 오염원을 파악하고, 오염 물질을 함부로 버리지 못하게 감시하는 역할도 한답니다.

＊ 폐기물 처리 기술자

하루에도 엄청난 양의 쓰레기가 발생하지요. 과자 봉투, 택배 상자, 음료수 캔, 휴지 등 매일매일 우리가 살아가면서 생겨나는 일반 폐기물도 있고, 공장에서 물건을 생산할 때 생겨나는 산업 폐기물도 있어요. 폐기물 처리 기술자는 이러한 폐기물의 처리 방법을 연구해요. 또 폐기물 처리 시설이 들어설 부지를 선정하며 건설에 필요한 기술을 지원하기도 해요.

＊ 폐자원 에너지 연구원

버려진 자원으로부터 에너지를 얻을 수 있는 방법과 그 기술을 연구해요. 폐자원 에너지 연구원이 기술 개발에 성공하면 폐플라스틱, 폐지, 폐목재, 그리고 쌀겨를 비롯한 농작물의 부산물로부터 친환경 에너지를 얻을 수 있답니다.

＊ 환경 영향 평가원

공장이나 발전소, 쓰레기 매립지 등을 세우려고 할 때, 그것이 자연환경과 인간이 살아가는 생활 환경에 미치는 나쁜 영향을 미리 예측해서 최소화할 수 있는 방법을 찾아요. 각종 문헌 자료와 외국의 사례, 현장 조사 등을 통해 혹시라도 발생할지 모를 문제 상황을 꼼꼼히 분석하지요. 공청회나 설명회를 열어 지역 주민에게 정확한 정보를 전달하고, 주민들의 의견을 사업 계획에 반영하기도 해요.

09 아픈 나무를 치료하는 나무 의사

👤 나무 치료사 **김의성***

★ 꼼꼼하고 섬세한 관찰력을 기른다

사람은 아프면 병원에 가지만 나무는 그럴 수 없다.
나무가 병들고 아플 때 정성껏 돌봐 주는
사람이 바로 나무 치료사.
이 일을 하려면 어떤 자질을 갖춰야 할까?

"이 은행나무가 병이 들었나 보구나."
할아버지는 가만히 나무를 쓰다듬었다.
"할아버지, 나무도 병이 나나요?"
할아버지는 빙그레 웃으면서 고개를 끄덕였다.

증상: 병이 났을 때 나타나는
여러 가지 상태나 모양.

"증상은 다르지만
사람이 감기에 걸리는 것처럼
나무도 나무만의 병을 앓지.
그 병을 고쳐 주는 사람을
나무 치료사라고 한단다."

 말을 못하는 나무는 아프다는 걸 어떻게 표현할까요?

박달나무, 굴참나무, 주목나무,

느릅나무, 소태나무, 사스래나무, 다릅나무,

가래나무, 말채나무, 층층나무, 서어나무…….

우리가 흔히 볼 수 있는

은행나무나 단풍나무 외에도

나무의 종류는 수없이 많다.

지금까지 밝혀진 것만 해도

백만 종의 나무가 있는데

식물학자들은 아직까지 발견되지 않은 나무도

많을 것으로 추측한다.

나무는

쓰임새나 잎의 모양 등에 따라 종류를 분류한다.

그중 쓰임새에 따라서는

목재로 쓰이는 나무, 약재로 쓰이는 나무,

가로수나 정원수로 쓰이는 나무,

과일을 거두는 나무 등으로 나눈다.

이렇듯 다양한 나무를
공부해야 하는 나무 치료사는
나무의 특징, 계절에 따른
전염병과 치료법 등을 익혀
아픈 나무를 치료하고
병충해로부터 보호하며
나무가 잘 자랄 수 있도록
꾸준히 관리한다.

병충해: 식물이 병이나
해충 때문에 입은 피해.

굴참나무의
잎과 열매

말채나무의
잎과 열매

주목나무의
잎과 열매

전나무의
잎과 열매

잣나무의
잎과 열매

오늘 수민이는 오래전부터
나무 치료사로 일해 온 할아버지와 함께
숲 속을 산책하면서
아픈 나무가 있는지 살펴보고 있다.

"할아버지, 다른 나무는 열매도 열리고
잎도 싱싱한데 저 나무는
왠지 힘이 없어 보여요."

수민이의 이런 관찰력이 기특한지
할아버지는 허허 웃으면서
단풍나무 곁으로 다가갔다.

그리고 나무의 뿌리 부분부터
꼼꼼하게 살펴보기 시작했다.

"병충해에 오래 시달렸나 보구나.
썩은 부위를 잘라내고 치료한 다음
영양제를 공급해 주면 다시 살아날 수 있겠어."

할아버지는
의사가 환자의 상태를 살피듯
나무의 병을 진단했다.

이런 일을 잘 해내려면
꼼꼼하고 섬세한 관찰력이 필요하다.

111

나무 치료사는
나뭇잎의 모양과 색깔만 보고도
나무의 상태를 알 수 있어야 한다.

산림청에 몇백 년 된 나무가
시름시름 앓고 있다는 소식이 전해지면
나무 치료사가 출동해
그 원인을 찾아 알맞은 처방을 내리고
치료에 들어간다.

나무는 이산화탄소를 흡수하고
산소를 공급해 줄 뿐만 아니라
몸에 좋은 성분을 많이 뿜어낸다.

숲에 들어서면
유난히 공기가 상쾌하게 느껴지는 것은
바로 나무가 이런 일을 하기 때문이다.

이렇듯 나무는
인간에게 더없이 고마운 친구다.

수민이에게는 오늘 꿈이 하나 생겼다.
바로 할아버지처럼
훌륭한 나무 치료사가 되는 것.

나무 치료사가 되려면
대학에서 생물학이나
산림학 등을 전공하고
산림기사, 식물보호기사, 조경기사 등의
자격증을 따야 한다.

앞으로 자라면서 이 꿈이
다른 꿈으로 변할지는 모르지만
하고 싶은 일이 생겼다는 사실에
행복한 표정을 짓는 수민이.

나무에게
작은 도움이라도 줄 수 있다는 건
분명 값진 일이다.

아픈 나무를 살리는 꿈을 꾸면서
숲 속을 걷는 수민이의 발걸음이
귀여운 새처럼 경쾌하다.

나무 치료사가 되고 싶다고요?

나무 의사라고도 불리는 나무 치료사는 정원이나 공원의 나무, 천연기념물로 지정된 보호수 등의 질병을 치료하고 관리하는 일을 해요. 나무가 병에 걸린 원인을 밝히고 효과적인 치료법을 개발하지요. 상처가 심한 경우에는 수술을 하기도 해요. 꼭 아픈 나무가 아니라도 평소 관리하고 있는 나무의 영양과 건강 상태를 체크하고, 필요에 따라 영양제나 항생제를 공급해 주기도 한답니다. 나무 치료사에게는 무엇보다 나무를 아끼고 사랑하는 마음이 있어야 해요. 또 나무를 세심히 살펴 아픈 나무를 가려낼 수 있는 관찰력도 필요하지요. 나무에 관한 전문 지식을 갖춰야 하기 때문에 식물학이나 임학, 조경학을 전공하면 도움이 돼요.

나무와 관련된 직업이 궁금하다고요?

＊ 목수

나무를 이용해 가구를 만들거나 집을 짓는 일을 목공이라고 해요. 그리고 이런 일을 하는 사람을 목수라고 하지요. 나무를 정교하게 다루어야 하는 목수

는 공방이나 작업실을 차려 개인적으로 활동하기도 하고, 건축 회사에서 일하기도 해요. 목수가 되는 데 특별한 자격이나 학력 제한은 없지만, 관

련 자격증이 있으면 취업할 때 도움이 되지요. 목공은 짧은 시간 안에 배울 수 있는 일이 아니기 때문에, 전문 목수가 되려면 현장에서 오랜 시간을 보내면서 경력을 쌓아야 한답니다.

★ 분재 재배 관리자

작은 화분에 보기 좋게 가꾼 나무, 혹은 나무를 화분에 심어 가꾸는 것을 분재라고 해요. 작지만 큰 나무의 모습과 분위기를 그대로 간직하고 있는 것이 분재의 매력이지요. 분재 재배 관리자는 이와 같은 분재 기술을 개발하고, 분재를 관리하는 일을 해요.

★ 임업 관련 종사자

묘목을 심거나 씨를 뿌려 나무를 기르고, 이렇게 조성된 숲으로부터 여러 산물을 얻는 일을 임업이라고 해요. 이와 관련된 대표적인 직업으로는 조림원과 육림원이 있어요. 조림원은 토양의 성분이나 기후 조건 등을 고려해 나무를 골라 심고, 육림원은 이렇게 심은 나무가 잘 자랄 수 있도록 가지치기를 하거나 잡초를 뽑고 병충해 관리도 하지요.

★ 조경사

많은 사람이 휴식을 즐기는 공원이나 쇼핑몰, 호텔, 음식점, 아파트, 관공서 등 다양한 공간에 나무와 식물을 심어 아름답게 꾸미는 일을 해요. 조경사는 식물에 관한 전문 지식을 갖고 있어야 할 뿐만 아니라, 자신이 조경을 설계할 공간의 특성을 정확히 파악해야 해요. 또 그 공간을 주로 이용할 사람들에 대한 이해도 필요하지요. 대학에서 조경학을 전공하거나 조경기사 자격증을 따면 도움이 많이 되며, 건설 회사의 조경 부서나 조경 전문 컨설팅 회사 등에서 일해요.

3부

푸른 별 지구를
더욱 빛나게 하는 직업

10 미지의 땅을 탐구하는 모험가

👤 극지 연구가 **김예동**

★ 새로운 모험을 두려워하지 않는다

극지 연구가가 되기 위해서는 어떤 어려운 일이라도
도전해 보겠다는 각오가 있어야 한다. 사람들이
잘 모르는 곳을 연구하고 개척해 나가는 극지 연구가.
나도 이런 멋진 일을 할 수 있을까?

여행을 좋아하는 청년이 있었다.

지구물리학을 전공한 이 청년은
미국 루이지애나 대학에서
장학금을 받으면서 연구 조교로 지내고 있었다.

★★★
지구물리학: 지구를 연구하는 물리학.
지진학, 화산학, 해양학, 기상학 등의
분야가 있다.

하루는 한 남극 연구가가
그에게 뜻밖의 제안을 한다.

"남극에 가서 함께 연구해 보지 않겠소?"

생각해
보기 남극은 어떤 곳일까요? 남극 하면 무엇이 떠오르나요?

1983년, 한국인 최초로
남극 땅을 밟게 된 청년은
이후 자신의 삶을
남극 연구에 바친다.

이 청년이 바로
극지 연구가 김예동 박사.

남극과 북극을 연구하는 사람을
우리는 '극지 연구가'라 부른다.
극지 연구가는 지구 탄생의 역사와
기후 변화, 극지 생물과
미래의 에너지 자원을 연구한다.

극지: 맨 끝에 있는 땅.

얼음과 눈으로 덮여 있어
'하얀 사막'으로 불리는 남극.

이곳은 지구 상에 존재하는
마지막 원시 대륙으로
지구 면적의 10%를 차지한다.

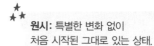

원시: 특별한 변화 없이
처음 시작된 그대로 있는 상태.

이 면적은
중국과 인도를 합쳐 놓은 것과 비슷하다.

현재 이곳에서는
20여 개 나라에서
40개가 넘는 연구소를 운영하고 있다.

연평균 기온이 영하 34도,
최저 기온이 영하 89도를 기록할 만큼
혹독하게 추운 땅.

남극에는
아직 개발되지 않은 원유와

> **원유:** 땅속에서 뽑아내
> 아직 불순물을 제거하지 않은
> 원래 상태의 기름.

아이티(IT) 산업의 핵심 재료로 이용되는 금속 광물 등
풍부한 지하자원과 생물자원이 숨겨져 있다.

> **아이티(IT) 산업:** IT는 Information
> Technology의 약자로 컴퓨터와
> 소프트웨어, 멀티미디어, 인터넷 등을
> 개발하는 정보 기술 산업을 말한다.

그래서 선진국들은
발 빠르게 극지 연구소를 설립하고
극지 연구가를 파견해
활발한 연구 활동을 벌여 왔다.

김예동 박사는
1987년 한국해양연구원에 들어가
본격적으로 남극 연구에 뛰어들었다.
지난 30년간 하계 연구 대원으로 자주 남극을 찾았고
2차와 9차 월동 대장을 맡았을 때는
남극에서 1년씩을 보냈다.

★★
★★ **월동:** 겨울을 나는 것.

극지 연구가인 연구 대원이 되려면
무엇보다 기초 체력이 좋아야 한다.
체력 검사에서 좋은 성적을 거둬야
대원으로 활동할 수 있는 기회가 주어진다.

또 문명으로부터 멀리 떨어진 곳에서
추위와 외로움을 이겨낼 수 있는
강인한 정신력과 인내심,
예기치 않게 벌어지는 각종 비상 상황에
대처할 수 있는 순발력과
용기도 필요하다.

많은 어려움에도 불구하고
극지 연구가가 된다는 것은
무척 보람 있는 일이다.

이들의 열정과 땀방울로
우리나라는 남극에 과학 기지를 세우고
미래를 준비하는 연구 활동을 펼치고 있다.

2009년 11월,
우리나라 최초의 극지 전용 배인
쇄빙선 아라온 호가 탄생했다.

★★
쇄빙선: 얼어붙은 바다나 강의
얼음을 깨뜨려 부숴 뱃길을
내는 배.

독일의 쇄빙선은 파란색,
일본의 쇄빙선은 빨간색,
우리나라의 쇄빙선은 오렌지색으로
바다에서 눈에 잘 띄도록 했다.

쇄빙선이 생김으로써
극지 연구가는
남극 대륙 깊숙이 들어가
본격적으로
남극을 탐사할 수 있게 되었다.

남극에 세종 과학 기지를
건설한 지 26년 만인 2014년에는
드디어 장보고 과학 기지가 건설되었다.

세종 과학 기지가 남극의 자연 생태계와
지구 환경 변화에 대해 연구한다면
장보고 과학 기지는 그와 더불어
다양한 남극 자원을 활용할 수 있는
방법이나 기술을 개발하는 등
보다 특성화된 연구를 진행한다.

남들이 가지 않은 길을 걸었기에
더 넓은 세상을 보고 보다 풍부한 경험을
할 수 있었던 김예동 박사.

"두려움을 넘어서서
변화에 몸을 맡겨 보세요.
남들이 걷지 않은 길이라도
내가 원한다면
자신 있게 걸어 보는 겁니다."

극지 연구가가 되고 싶다면
김예동 박사의 이 조언을
마음속에 새겨 보자.

남극과 북극은 어떻게 다를까요?

지구의 가장 남쪽에 위치한 남극과 그
반대에 위치한 북극. 둘은 극지방이라
는 공통점이 있지만, 여러 면에서 차이
가 나요. 최저 기온이 영하 89도를 기록

할 정도로 지구 상에서 가장 추운 남극은 거의 대부분이 빙하로 덮여 있
는 육지예요. 사람이 살기에는 날씨가 너무 춥기 때문에 남극 대륙에는
원주민이 없으며, 극지 연구가와 같은 세계 여러 나라의 연구자들만 머
물고 있어요. 반면 북극은 아시아와 아메리카 대륙으로 둘러싸인 바다랍
니다. 그 때문에 남극에 비해 덜 춥고 여름에는 기온이 영상으로 올라가
기도 해요. 오래전부터 이곳에는 에스키모라 불리는 원주민이 살고 있는
데, 이들이 바다인 북극에서 살아갈 수 있는 건 바닷물이 얼어서 거대한
얼음 덩어리가 생겼기 때문이지요. 또 다른 차이로는 펭귄과 북극곰을 들
수 있어요. 조류에 속하는 펭귄은 남극에만 살고, 북극곰은 그 이름에서
도 알 수 있듯이 북극에서만 산답니다.

우리나라 극지 연구소에 대해 알아볼까요?

✶ 세종 과학 기지

1988년에 건설된 우리나라 최초의 남극 과학 기지예요. 1년간 머무는 월동 연구대와 여름철에만 머무는 하계 연구대가 남극의 대기와 지질, 동식물과 해양 환경 등에 관한 연구를 다양하게 진행하지요. 사람이 거의 살지 않는 남극은 원시 자연 상태를 유지하고 있기 때문에 지구 환경을 연구하기에 가장 좋은 장소랍니다.

＊ 장보고 과학 기지

2014년 세종 과학 기지에 이어 남극에 두 번째로 건설된 장보고 과학 기지에서는 순수 과학에 대한 연구뿐 아니라 남극의 미생물이나 천연 물질을 이용한 의약품 개발, 얼어붙은 땅을 의미하는 동토에 건축물을 짓는 동토 건축 기술에 관한 연구 등이 이루어지고 있어요.

＊ 다산 과학 기지

2002년 북극의 해양, 대기, 지질 등 기초 과학과 자원 연구를 위해 세워졌어요. 기지 건물은 프랑스와 공동으로 사용하지요. 연구자가 기지에 계속 머무는 경우는 없으며, 현장 조사를 위해 일정 기간만 다녀가요.

극지 연구가가 되고 싶다고요?

아주 오랫동안 쌓인 눈이 얼음 덩어리로 변한 것을 빙하라고 해요. 남극과 북극의 빙하에서 발견되는 퇴적물 속에는 과거 환경 변화의 흔적이 그대로 남아 있어요. 또 극지방에는 아직 개발되지 않은 엄청난 양의 지하자원이 숨겨져 있어요. 이런 이유 때문에 세계 여러 나라가 남극과 북극에 연구소를 세우고 극지 연구를 해 나가는 거지요. 극지 연구가가 되려면 극지에서 이루어지는 다양한 연구 분야에 관한 학사 이상의 학력을 갖고 있어야 해요. 또 인간이 거의 살지 않는 특수한 극지 환경에 적응하려면 강인한 체력과 정신력이 무엇보다 필요하지요.

11 버려진 것에서 새로움을 창조하는 예술가

👤 에코 디자이너 **프라이탁 형제**

★ 생활 속에서 아이디어를 얻는다

에코 디자이너는 쓸모없다고 버려지거나
사람들이 눈여겨보지 않는 재료를 이용해
기발하고 가치 있는 디자인 제품을 만들어 낸다.
에코 디자이너가 되려면 어떤 자질을 가져야 할까?

자전거를 타고 학교에 가던 형제가 있었다.

한두 방울씩 떨어지던 비가 점점 거세지자

형제는 힘껏 페달을 밟기 시작했다.

스위스 취리히는

1년 중 100일이 넘게 비가 내리는 곳.

이런 날씨 탓에 그들의 가방은

흠뻑 젖어 있을 때가 많았다.

"안 되겠어. 비가 와도 젖지 않는
가방을 만들어야지!"

생각해 보기 좋은 디자이너가 되려면 평소 어떤 노력을 해야 할까요?

대학에서 산업 디자인을 전공하던
형 마커스는 자신이 직접
가방을 만들어 보기로 결심한다.

하지만 어떤 재료로
어떻게 디자인해야
간편하고 실용적이면서도
빗물에 젖지 않는 가방을 만들 수 있을까?

그때 마침 트럭 몇 대가
그들 앞을 지나쳐 갔다.

"저거야, 다니엘!
트럭 덮개로 쓰는 저 방수 천을 봐.
비가 와도 젖지 않잖아."

몇 주 뒤 방수 천을 구해
본격적으로 가방 만들기에 나선 형제.
두꺼운 방수 천을 이용해 가방을 만드는 일은
생각처럼 쉽지 않았다.

여러 번 실패한 끝에
간신히 열 개 정도의 가방을 만들 수 있었다.
그 가방들은 저마다 다른 특색을 갖고 있었다.
형제는 여분의 가방을 친구들에게 팔기로 했다.

놀랍게도 친구들의 반응은 뜨거웠다.
다른 색깔, 로고, 폰트를 가진 방수 천을
이어 붙여 세상에 단 하나뿐인
독특한 디자인의 가방이 완성됐기 때문.

이 일을 계기로 그들의 성을 딴
'프라이탁'이라는 재활용 가방 브랜드가 만들어졌다.

프라이탁은

전 세계에 350개 이상의 매장을 거느린

전문 브랜드로 성장했고

한 해에 20만 개 이상의 제품이 팔려 나간다.

이처럼 꾸준히 성장할 수 있었던 것은

처음 자세 그대로

재활용 재료를 활용해

세상에 하나뿐인

에코 제품을 만들고 있기 때문이다.

프라이탁 형제는
에코 디자이너로 불린다.

에코 디자인은 오염 물질을 최소화하고
환경을 훼손하지 않겠다는 신념을 바탕으로
이루어지는 제품 디자인을 말한다.

따라서 에코 디자이너는
친환경 제품을 디자인하는 사람이다.

다 쓴 커피 포대, 찢어진 방수 천, 먹고 난 사탕 봉지,
일회용 빨대, 폐현수막, 폐타이어, 폐차의 안전띠,
지난 신문, 유행이 바뀐 옷과 구두 등
더 이상 가치가 없다고 버려지는 수많은 물건.
하지만 에코 디자이너의 눈에는 이런 것들이
모두 쓸모 있게 보인다.

에코 디자이너는
이런 재료를 가지고
대체 무엇을 만드는 걸까?

슬리브: 차갑거나 뜨거운 음료가
담긴 컵에 끼워 컵을 쉽게 잡을
수 있게 하는 것.

컵이나 보온병의
슬리브로 변신한 커피 포대
귀여운 핸드백이 된 사탕 봉지
가방 손잡이로 바뀐 자동차 안전띠
세련된 손지갑으로 탈바꿈한 신문지
건축 자재로 활용된 조개껍데기.

이런 놀라운 마술이
바로 에코 디자인의 매력이다.

어린 시절

형제가 살던 오래된 농가 주택에는

농기구를 비롯해 각종 도구를

모아 놓은 작업실이 있었다.

거기서 무엇이든 설계하고

조립하면서 놀았던 프라이탁 형제.

이들과 같은

에코 디자이너가 되려면

어떻게 해야 할까?

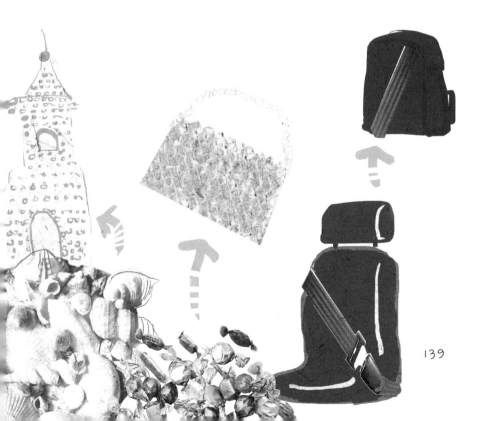

무엇보다 디자인에 관심이 많아야 한다.

책상, 시계, 핸드폰 케이스, 의자,
가방, 전등, 볼펜, 찻잔 등
우리 주변의 수많은 물건.

이 물건 하나하나를 허투루 보지 않고
미묘한 디자인의 차이까지
꼼꼼하게 살피는 눈을 가져야 한다.

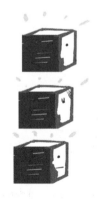

내가 에코 디자이너라면
어떤 재료를 이용해
보다 새로운 디자인을 할 수 있을지
스스로 의문을 갖는 자세도 중요하다.

처음부터
디자인 감각이 뛰어날 수는 없다.

프라이탁 형제도
무수히 많은 실수와 실패를 통해
더 나은 디자인을 선보였고
지금도 여러 나라를 오가며
열심히 디자인 공부를 하고 있다.

내가 꼭 갖고 싶은 물건이 있다면
지금 당장 스케치북을 펼쳐
나만의 스타일로 디자인해 보자.

이것이 바로
에코 디자이너가 되기 위한
첫걸음이다.

업사이클링에 대해 알아볼까요?

더 이상 안 쓰거나 버려진 물건을 단순히 재활용하
는 것이 아니라, 새롭게 디자인하고 활용도를 높여
이전보다 훨씬 가치 있는 물건으로 탈바꿈시키는
것을 업사이클링이라고 해요. 전문가의 손길을 거
쳐 새롭게 탄생하는 업사이클링 제품은 옷, 가방, 액

세서리, 인테리어 소품 등 그 종류도 무척 다양하답니다. 현수막이나 소
방 호스로 방수 가방을, 타이어로 튼튼한 테이블을, 자전거 부품으로 멋
진 벽시계를, 플라스틱 조각으로 앙증맞은 열쇠 고리를 만들어요. 각종
캔과 병뚜껑을 이용해 미술 작품을 선보이는 예술가도 있지요. 이러한 업
사이클링은 환경을 보호하고 자원과 에너지의 낭비를 막자는 취지로 시
작되었어요.

에코 디자이너가 되고 싶다고요?

환경을 생각하는 마음을 담아 디자인하는 것을 에코 디자인이라고 해요.
에코 디자이너가 보통의 디자이너와 다른 점은 제품을 디자인할 때 보기
좋은지, 실용적인지만을 생각하지 않고 환경 요소도 함께 고민한다는 거
예요. 재활용 물품을 재료로 선택하거나 나중에 버려졌을 때 환경을 크게
해치지 않는 재료를 사용해요. 에코 디자이너는 환경에 대한 의식을 담아

제품을 디자인하는 만큼 환경 문제에 꾸준히 관심을 갖는 자세가 필요해요. 하지만 무엇보다 중요한 것은 창의력이지요. 창의력이 뒷받침되지 않는다면 아무리 좋은 의도로 제품을 만든다 해도 경쟁력을 갖기 힘들어요. 대학에서 산업 디자인, 제품 디자인 등을 전공하면서 디자인에 대한 기본기를 익히면 에코 디자이너로 일하는 데 도움이 된답니다.

재활용과 관련된 직업이 궁금하다고요?

✳ 재활용 기술자

우리의 일상생활에서 발생하는 일반 폐기물과 산업 현장에서 발생하는 각종 산업 폐기물 가운데 다시 사용할 수 있는 자원을 분리해 내는 일을 해요. 폐기물에서 분리해 낸 자원은 그대로 사용하는 것이 아니라 일정한 공정을 거쳐 재사용되기 때문에, 재활용 기술자는 가장 효율적인 공정을 연구하거나 이때 필요한 시설을 개발하기도 하지요.

✳ 재활용 코디네이터

폐기물을 효율적으로 재활용하기 위해 재활용품 수집 방법 등을 프로그램으로 개발하는 일을 해요. 환경에 대한 관심이 높아지면서 재활용 산업도 점차 성장하고 있어요. 그에 발맞춰 재활용 코디네이터의 역할도 점점 커질 것으로 예상되고 있지요. 재활용 코디네이터의 중요 업무 가운데 하나는 공공 기관을 대상으로 재활용 방법을 교육하는 거예요. 또 자신이 개발한 프로그램이 잘 진행되고 있는지 감독하는 것도 재활용 코디네이터가 해야 할 일이랍니다.

자연과 인간의 조화를 꿈꾸는 건축가

👤 생태 건축가 프라이 오토

★ 사물에 대한 관찰력과 디자인 감각을 기른다

지역 생태계에 나쁜 영향을 미치지 않고 다양한 생물이
조화롭게 살아갈 수 있도록 설계되는 생태 건축물.
생태 건축가는 지역의 특성과 기후 등을 고려해 건축물을 짓는다.
나도 생태 건축가에 도전해 볼까?

건축계의 노벨상이라고 불리는
프리츠커상.
2015년 이 상의 주인공은
안타깝게도
수상 발표 하루 전
세상을 떠났다.

그는 바로
텐트 형태의 구조물로
세계 건축사에 큰 발자국을 남긴
독일의 생태 건축가 프라이 오토.

 사막에 건축물을 짓는다면 어떻게 짓고 싶나요?

조각가였던
할아버지와 아버지의 영향을 받은 그는
어려서부터 무언가를 만들거나
조립하는 일에 흥미를 보였고,
가벼운 천으로 만든
물건에 특히 관심이 많았다.

독일 베를린의 한 주택가.

"애야, 거기서 뭘 하고 있니?"

"비행기 모형을 만들고 있어요.
그런데 할아버지, 이것 좀 보세요.
이 얇은 천이 하늘을 날게 하는
날개가 된다니 정말 신기하죠?"

이런 호기심은 오토가
훗날 간단한 텐트 구조물을
건물 형태로 발전시켜 나가는
기초가 된다.

20대 청년 오토는

조종사로 군 복무를 하던 중

전쟁 포로가 된다.

포로수용소에서 생활하게 된 그는

텐트 형태의 구조물을 보고

거기서 영감을 얻는다.

그는 이 구조물이

가벼운 데다 이동이 간편하고

환경 친화적이라는 점에

매력을 느꼈다.

환경 친화적: 자연환경과
자연스럽게 어우러지는 상태.

이때부터 그는

자연을 훼손시키지 않는

단순한 재료로 건물을 짓는

생태 건축에 관심을 두기 시작했다.

148

생태 건축은

주변의 자연환경과 조화를 이루어야 한다.

또한 태양 에너지를 비롯한 자연 조건을 활용해

건강하고 쾌적한 생활이 가능하도록

설계되어야 한다.

한마디로 생태 건축이란

재활용, 재사용이 가능한 건축이다.

따라서

건축물을 없앨 때도

환경 오염 물질이 나오지 않도록

설계 단계에서부터 주의를 기울인다.

'조화로움'의 가치를
매우 중요하게 여기는
생태 건축가는
자연과 인간을 분리하지 않고
하나의 큰 그림으로 본다.

따라서
바닷가에 집을 짓는다면
바다와 어울리는 디자인을,
사막에 집을 짓는다면
사막과 어울리는 디자인을 한다.

조개나 소라의 껍데기와
그것이 가진 독특한 모양,
사막의 부드러운 곡선이나 모래, 선인장 등은
생태 건축가에게
풍부한 영감을 주는 소재이자
건축 재료가 된다.

그들은 자연에서 얻은 것으로
이색적인 건축물을 디자인한다.

주변에 유난히 조약돌이 많다면
그것을 활용해
자연 친화적인 담장을 만들 수 있다.

이것이 바로 생태 건축의 매력이다.

도시에서
생태 건축을 실현하고 싶어 한 오토는
1950년대부터 '움직이는 도시'를 꿈꾸며
벽돌 없이 지어 이동이 가능한
천막 주택을 제안했다.
또 아파트형 건물 지붕에 녹지를
조성하자고 했다.

이러한 생각은 1972년에 완공된
독일 뮌헨 올림픽 경기장에 그대로 적용되었다.

오토는 메인 스타디움을
거대한 텐트처럼 만들었고,
이 이색적인 경기장 일대에
커다란 생태 공원을 조성했다.

메인 스타디움: 축구장이나 육상 경기장같이 주위에 관람석이 있는 큰 규모의 경기장을 말하며, 주로 원형이나 타원형이다.

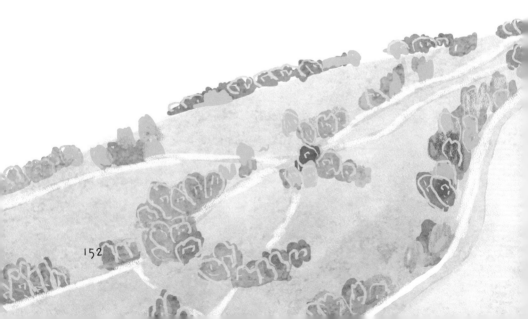

내가 생태 건축가가 된다면
어느 지역에, 무슨 재료로, 어떤 건축물을
짓고 싶은지 한번 떠올려 보자.

그 설계도 속에서
인간과 자연이
조화롭게 어울리는 모습을
상상해 보는 것도
생태 건축가가 되기 위한
작은 출발이다.

생태 건축가가 되고 싶다고요?

친환경 건축 지식과 기술로 인간과 자연이 함께 어우러져 살아갈 수 있는 건축물을 짓는 사람을 생태 건축가라고 해요. 인간의 편리만 생각하지 않고 자연 생태계를 유지하거  나 복원할 수 있는 방법을 함께 생각하지요. 재활용품이나 재사용이 가능한 자재를 건축에 활용해 자원의 낭비를 막고, 흙이나 볏짚 등 자연 재료를 사용해 환경을 보호하기도 해요. 건축에 흔히 사용하는 시멘트는 생산 과정에서 많은 양의 이산화탄소가 발생하기 때문에 대기를 오염시킬 뿐 아니라 폐시멘트가 자연으로 완전히 돌아가는 데는 몇백 년의 시간이 걸린답니다. 생태 건축가의 특별한 점이라면 환경 문제에 지속적인 관심을 갖고 자연 친화적인 건축물을 지으려고 노력한다는 거예요. 생태 건축가도 보통의 건축가와 마찬가지로 대학에서 건축 관련 전공을 하고 건축 회사 등에서 실력을 쌓아야 해요.

생태 건축과 관련된 직업이 궁금하다고요?

★ 건축물 에너지 평가사

건축물의 에너지 효율 등급을 조사하고 에너지 절약 방안을 세우는 일을 해요. 온실가스를 줄이는 방법을 연구하기도 하지요. 건축물 에너지 평가

사가 되려면 국가 자격 시험을 통해 자격증을 따야 하며 에너지 기술 연구원, 건설 기술 연구원 등에서 일해요.

✳ 옥상 정원 디자이너

건물 옥상에 정원을 만들어 우리가 도시에서
도 자연과 가까이 지낼 수 있도록 돕는 일을 해
요. 아파트의 경우 베란다에 정원을 꾸미기도
하지요. 옥상 정원 디자이너는 조경 전문가로
서 식물이 옥상이나 베란다에서도 잘 자랄 수 있는 환경을 조성하는 데
힘을 기울여요. 볕이 잘 들고 배수가 원활하도록 정원을 설계하고 공사를
진행하지요. 녹색 식물이나 꽃은 우리의 마음을 편안하게 해 주는 효과가
있어서, 옥상 정원은 생태 건축에서 활용도가 높아요.

✳ 친환경 건축 컨설턴트

친환경 건축물을 짓는 데 필요한 각종 기술을 상담하고, 친환경 건축물
인증을 받을 수 있도록 설계 단계에서부터 도움을 줘요. 또 건축물의 실
내외 환경을 개선하기 위해 조언하지요. 새로운 기술에 대해 상담하려면
해당 분야를 깊이 연구해야 하기 때문에 어떤 문제에 관해 분석적으로
사고하는 등 연구자로서의 자질도 갖춰야 한답니다.

✳ 친환경 건축물 연구원

설계에서 시공, 그리고 폐기에 이르기까지의 전 과정이 자연 친화적인 건
축물을 친환경 건축물이라고 해요. 친환경 건축물 연구원은 건축물을 지
을 때 생길 수 있는 환성 오염을 되도록 적게 줄일 수 있는 방법을 찾고,
태양열판이나 빗물 저장 탱크처럼 에너지를 절약할 수 있는 각종 시설이
나 기구를 개발해요.

13 시민과 함께 숲을 가꾸는 디자이너

👤 그린 코디네이터 **김인호**

★ 자연을 소중히 여기는 자세를 갖는다

우리에게는 아직 낯설게 느껴지는 그린 코디네이터.
도심 속에 아름다운 자연을 가꾸기 위해서는
이들의 역할이 매우 중요하다.
그린 코디네이터는 어떤 일을 하는 걸까?

'세계의 환경 수도'라는 별칭을 갖고 있는
독일의 프라이부르크.

이곳은 가문비나무와
전나무가 울창한 '검은 숲'으로 유명하다.

검은 숲은
숲 속에서 햇빛을 볼 수 없을 만큼
나무가 빼곡해서 붙여진 이름.

오랜 세월
프라이부르크 시민들은
스스로
숲을 지키기 위해 노력해 왔다.

왜 그들은 환경 보호에
앞장서게 되었을까?

 정원을 만든다면 어떤 식물들로 꾸미고 싶나요?

1970년대 말 대기 오염과 산성비로
숲이 큰 피해를 입자 시민들은
환경의 중요성을 깨닫기 시작했다.

그리고
후손에게 남겨 줄
가장 소중한 가치가 바로
깨끗한 환경이라는 것을 알게 되었다.

시민들의 땀방울이 모여
숲은 다시 활기를 띠었다.

도심에는
작은 수로인 베히레를 따라 물이 흐르고
길 곳곳은 숲과 연결되어
시민들은 언제든 숲 속 산책을
즐길 수 있게 되었다.

우리나라에서도 이처럼
시민과 함께 숲을 가꾸어 나가는
운동이 벌어지고 있다.

이런 시민운동의 선발 주자는
그린 코디네이터이자
학교 숲 디자이너인 김인호.
조경학자이기도 한 그는
어느 날 학교라는 공간을
정원 혹은 숲으로 꾸미면 어떨까 생각했다.

영국에서는 이미
이런 '스쿨 가드닝' 운동이
활발하게 펼쳐지고 있었다.

언제든지
자연을 느낄 수 있는 학교.
아이들의 놀이터이자
생생한 생태 학습장이 되는 곳.
학교라는 울타리를 넘어
동네 주민이 함께 어울리고
마음을 나눌 수 있는 숲.

학교를 중심으로
이런 숲이 만들어지면
그 숲은 아이와 어른이 함께 어울리는
만남의 장소가 된다.

그린 코디네이터는
학교 숲처럼
도시 공간에 어울리는
정원과 숲을 조성한다.

회사나 집에서도
그린 코디네이터의 도움을 받아
나무나 꽃, 화분 등으로
자연과 어우러지는 환경을
만들 수 있다.

이곳에는 어떤 나무가 어울리는지
이 계절에는 어떤 꽃을 심으면 좋은지
나무와 꽃에 관해서라면
척척박사가 되어야 하는
그린 코디네이터.

이들은 세계의 아름다운 정원과
숲을 돌아다니면서
색다른 아이디어를 얻기도 한다.

이렇게 여행하는 동안에는
'나만의 정원 노트'를 준비해
나중에 활용할 장면들을 스케치하고
아이디어가 떠오르면
바로바로 기록해 둔다.

그린 코디네이터 김인호 씨는
환경 단체와 시민 단체,
환경을 생각하는 기업들과 함께
학교 숲을 실현해 가고 있다.

현재 학교 숲 운동에 함께한 학교만 해도
전국적으로 600여 곳이 넘는다.

각 학교의 특징을 살려
숲이 있는 학교를 만들어 가는
학교 숲 프로젝트.

학교와 숲, 숲과 마을이 이어져
봄이면 벚꽃 길을 걸어 학교에 가고
가을이면 단풍 구경을 하며
집으로 돌아온다면
등하굣길이 얼마나 즐거울까?

지구 곳곳을
푸르게 푸르게 가꾸어 나가는
그린 코디네이터.

한번 도전해 볼 만한
매력적인 직업이 아닐까?

학교 숲 운동에 대해 알아볼까요?

학교 숲 운동이란 학교와 그 주변에 나무를 심고 숲을 가꿔 학생들이 자연과 더욱 친밀한 환경에서 공부할 수 있도록 하는 운동이에요. 우리나라뿐 아니라 유럽 여러 나라와 일본에서도 이 운동이 펼쳐지고 있어요. 학교 숲을 조성하면 지역 주민의 생활 환경도 개선할 수 있고, 학생들의 체험 학습의 장도 마련할 수 있지요. 현재 전국 600여 개 학교가 이 운동에 참여해 학교 숲을 만들어 나가고 있답니다.

그린 코디네이터가 되고 싶다고요?

그린 코디네이터는 도시에 숲을 조성해 우리가 자연과 좀더 가까이 지낼 수 있도록 돕는 일을 해요. 일반 가정에서도 그린 코디네이터의  도움을 받아 집을 푸르게 꾸밀 수 있어요. 우리나라에서는 그린 코디네이터의 활동이 '학교 숲 운동'과 연계되어 활발히 진행 중이랍니다. 도시에서 숲을 제대로 가꾸려면 무엇보다 나무와 꽃을 비롯해 각종 식물에 관한 전문적인 지식이 필요하지요. 그린 코디네이터는 어떤 식물이 어떤 환경에서 잘 자라는지 알아야 하는 것은 물론이고, 숲이 주변 건축물과 조화롭고 아름답게 어우러지도록 하려면 창의력과 미적 감각도 갖고 있어야 해요. 그런 코디네이터가 되는 데 특별한 자격이나 학력 제한은 없지만, 조경과 관련된 학과에서 공부하면 도움이 돼요.

숲과 관련된 직업에 대해 알아볼까요?

* 삼림 치유 지도사

산림 치유 지도사는 심림욕 효과를 이용해 사람들의 건강을 증진하고 질병을 예방하는 일을 해요. 사람들이 자신의 건강 상태에 맞게 삼림욕을 즐길 수 있도록 산림 치유 프로그램을 개발하고, 프로그램 참가자가 산속에서 걷고 운동하는 법을 지도하지요.

* 숲 해설가

휴양림이나 수목원, 생태 공원 등을 찾은 사람들이 숲을 더 잘 이해할 수 있도록 돕는 일을 해요. 숲과 자연 생태, 자연과 인간의 관계를 설명하지요. 숲에 사는 동식물을 스스로 관찰할 수 있게 이끌어 주고, 그 동식물과 인간이 서로 어떤 영향을 주고받는지 알려 줘요. 숲 해설가는 무엇보다 숲에 대해 잘 알아야 해요. 꽃과 나무, 새, 곤충을 비롯해 숲에 서식하는 다양한 종류의 동식물을 미리 파악해 두어야 하고, 숲이 인간에게 미치는 신체적, 심리적 작용에 대해서도 지식을 갖추고 있어야 하지요. 숲 해설가가 되려면 숲에 자주 가서 숲이 우리에게 주는 이로움을 몸소 체험하고, 숲을 사랑하는 마음을 갖는 것이 중요해요. 여러 사람을 편안하게 이끌어야 하기 때문에 대인 관계가 원만한 사람에게 알맞으며, 해설을 잘하려면 언어 구사 능력과 의사소통 능력이 뛰어나야 하지요.

4부

새로운 세상,
미래의 유망 직업

14 탄소배출권을 사고파는 환경 지킴이

👤 탄소배출권 거래 중개인 **최지은***

★ 기후 변화와 국제 환경 제도에 관심을 갖는다

지구 온난화 문제가 심각해지면서 환경을 지키자는
목소리도 높아지고 있다. 이런 현실에 맞춰 새롭게
생겨난 직업이 탄소배출권 거래 중개인.
이들은 과연 어떤 일을 하는 걸까?

30년 전쯤 어느 초등학교의 과학 시간.

"외국에서는 작은 병에 담긴 물을 사서 마시는데
미래에는 우리나라도 그렇게 될 거야.
환경 오염이 심해지면 앞으로
공기도 사서 마셔야 할지 모른단다."

선생님의 말씀에
아이들은 고개를 갸우뚱거렸다.

"선생님, 물을 왜 사 먹어요?
그럼 가게에서 물을 판다고요? 공기도요?
어떻게 물이나 공기를 사고팔아요?"

아이들은 도저히 믿지 못하겠다는 표정이었다.

 환경 오염이 더 심각해지면 어떤 일이 생길까요?

시간이 흐른 지금,
우리는 갈증이 나면 가게에 들어가
자연스럽게 생수를 사서 마신다.

그 시절 선생님의 말씀이
그대로 현실이 된 것.

나날이 환경 오염이 심각해지면서
탄소배출권 거래 중개인이라는
이색적인 직업도 생겨났다.

지구 온난화가 심각해지면서
세계 여러 나라가
온실가스를 줄이려고 노력한다.
대표적인 온실가스는 바로
이산화탄소.

온실가스: 지구 온난화를 일으키는
이산화탄소나 메탄 등의 가스.

2005년에는 온실가스를 줄이기 위해 만들어진
국제 협약 '교토 의정서'가 정식 발효되었다.
이후 국가나 기업이 온실가스를 배출할 권리를
사고파는 '탄소배출권 거래제'가 도입되어
탄소 시장이 열리게 되었다.

발효되다: 조약이나 법
등의 효력이 나타나다.

교토 의정서: 온실가스 배출을
규제하는 내용의 국제 협약으로,
세계 정상들이 일본 교토에
모여서 만들어 이 같은 이름을
갖게 되었다.

E CHANGE
CE

175

"탄소배출권 거래 중개인을
인터뷰하라고요?"

예지는 오늘 선생님에게
탄소배출권 거래 중개인을 만나 인터뷰하고
다음 수업 시간에 발표하라는
과제를 받았다.

어렵게 탄소배출권 거래 중개인
최지은 선생님을 만나게 된 예지.
예지는 궁금했던 점을 질문했다.

"선생님, 탄소배출권을
어떻게 사고파는지,
이때 탄소배출권 거래 중개인은
어떤 일을 하는지 알고 싶어요."

"교토 의정서에 가입한 국가는

국가별로 배출 가능한 온실가스량이 있단다.

따라서 각 나라의 기업은

정부 방침에 따라 규제를 받는데

탄소 배출량이 많은 기업은

기술 개발을 통해 배출량을 줄이거나

여유분의 배출권을 확보한 기업으로부터

그 권리를 사서 문제를 해결해야 해."

규제: 정해진 것만큼을 넘지 못하게 막음.

탄소배출권의 거래는 국가 간에도 이루어진다.

배출권에 여유분이 있으면 다른 나라에 팔 수 있고,

여유분이 없는 나라는 그 권리를 사 와야 한다.

탄소를 배출할 수 있는 양이 정해져 있으니

호주처럼 석탄을 주로 사용해서

이산화탄소 배출량이 많은 나라는

석탄이 아닌 다른 에너지원을 찾아

탄소 배출량을 줄이려는 노력을 하게 되었다.

점점 더 심각해지는
지구 온난화를 막기 위한 방안으로 만들어진
탄소 시장에서 탄소배출권 거래 중개인은
탄소배출권을 팔거나 사려는 국가나 기업 간의
거래를 주선한다.

판매자와 구매자에게
보다 정확하게 조언해 주거나 협상을 체결하기 위해
탄소배출권 거래 중개인은
온실가스 절감에 관해
다방면의 지식을 갖춰야 한다.

최지은 선생님은 환경공학과 국제법을 전공하고
탄소배출권 거래 중개인에 흥미를 느껴
런던 비즈니스 스쿨에서 탄소 금융에 관해 공부했다.
탄소배출권 거래 중개인 중에는
에너지공학이나 국제관계학을 전공한 사람도 있다.

"탄소 거래는 새로운 분야이기 때문에
아직까지 이 분야의 인재를 양성하는 곳은 많지 않아.
이 일을 하고 싶다면
유럽 기후 거래소 같은 곳에서
관련 교육을 받을 수 있어."

유럽 기후 거래소: 영국 런던에 있는 탄소배출권 거래 시장. 전 세계 10여 개 탄소배출권 거래소 중 규모가 가장 큰 곳.

인터뷰를 끝내고 집으로 돌아오는 길.
예지는 수첩에
미래에 하고 싶은 일 중 하나로
탄소배출권 거래 중개인이라는 직업을 적어 넣었다.

북극곰을 좋아해
북극곰이 행복하게 살 수 있는 환경을 만들어 주고 싶은
예지에게 이 직업은 너무나 매력적으로 다가왔다.

"아기 북극곰아, 조금만 기다려.
이 언니가 지켜 줄게!"

⑮ 빌딩 숲에 희망을 심는 도시 농부

👤 도시 농업 전문가 **김민호**＊

★ 제철 채소를 직접 길러 본다

시골에서 농사를 짓는 농부가 점점 줄어드는 요즘,
도시의 자투리 공간을 텃밭으로 꾸미는 움직임이 활발하다.
내가 심고 수확한 오이, 가지, 고추, 상추, 당근 등으로
근사한 식탁을 차리는 건 어떤 기분일까? 도시인들에게 농사를
가르치는 도시 농업 전문가. 나도 이 일에 도전해 볼까?

"수정아, 우리가 심은 토마토가 벌써 이렇게 자랐어!"

"와! 이 감자 좀 봐."

"얘들아, 여기 참외도 열렸어."

수정, 나윤, 상범이는

옥상 텃밭에 심은

작물이 잘 자란 것을 보고는

신이 나서 저절로 목소리가 커졌다.

처음

부모님에게

옥상 텃밭을 가꿔 보라는

제안을 받았을 때는

하기 싫다는 생각이 더 컸다.

그 시간에 게임을 하거나

친구들과 놀고 싶었기 때문.

 시골 농사와 도시 농사는 어떻게 다를까요?

더구나 무언가를
심고 기르는 일을 한번도
해 보지 않았기 때문에
자신이 없었다.

'무엇을 심지?'
'어떻게 가꾸지?'
'물은 누가 주지?'
'잘할 수 있을까?'

이런 고민을 할 때
도시 농업 전문가 김민호 선생님을 만났다.

선생님은
식탁에 올라오는 제철 채소 중
직접 길러 보고 싶은 것이 있는지
생각해 보라는 숙제를 내 주었다.

우리가 조금만
농사에 관심을 갖는다면
텃밭에서 수확한 작물로
풍성한 식탁을 차릴 수 있다.

내가 키운 토마토로
토마토 스파게티를 만들고
내가 키운 가지로
스페인 요리에 도전해 보고
내가 키운 푸릇푸릇 다양한 채소로
신선한 쌈과 샐러드를 만들어 먹을 수 있다.

영국, 독일, 네덜란드, 프랑스에서는
도시 농업에 대한 관심이 매우 높다.

도시화가 급격히 진행되면서
전 인류의 60%가 도시에 거주할 거라는
예측 결과가 나오고 있는데,
이렇게 되면 언젠가는 식량 부족으로
사람들이 고통받을 수도 있기 때문.

농사를 짓는 사람은 줄어들고
도시는 농업 생산력이 없으니
당연한 결과다.

이런 상황에서
미래에는 도시 사람들에게
텃밭 농사를 가르치는
도시 농업 전문가의 역할이
더욱 중요해질 것으로 보인다.

도시 농업 전문가가 되려면
각종 채소를 재배하는 방법과
농기계 사용법을 아는 건 기본이다.

대학에서 농업과 관련된 학과를 전공하거나
농촌 진흥청이 운영하는 기술 센터에서
교육을 받는 것도 도움이 된다.

고추 하나도 심어 본 적 없는
도시 사람들에게 작물 재배법을 가르치려면
보다 쉽고 재미있게 농사에 대해 이야기할 수 있는
언어 능력 또한 길러야 한다.

도시 농업 전문가는 농사를 가르치는 것 외에
도시 사람들이 자신이 살고 있는 지역에서
생산된 농산물을 값싸게 구입할 수 있는
직거래 장터를 마련하기도 한다.
또 도시 농업인들이 서로 도움을 주고받을 수 있는
농업 공동체 형성에도 기여한다.

"선생님이 말씀하신 대로
재배 일지를 만들어서 자주자주 기록했더니
토마토가 자라는 과정을 생생하게
확인할 수 있어서 더 즐거웠어요."

나윤이의 말에
김민호 선생님은 다음번에는
작물이 자라는 모습을 사진으로 찍어서
날짜별로 기록하거나
커 나가는 과정을 연필로
그려 보라고 권했다.

햇볕이 잘 드는
아파트 베란다나 건물 옥상,
아무도 이용하지 않는 마을 공터.
이 모든 공간이 채소로 가득한
텃밭으로 변신할 수 있다는 선생님 말씀이
수정과 나윤, 상범은 믿기지 않았었다.

"처음엔 때맞춰 물을 주러 와야 하고
잘 자라는지 확인도 해야 하는 게 귀찮았는데
옥상에 이렇게 멋진 텃밭이 생기니
정말 놀랍고 뿌듯해요."

머지않아 빌딩 숲인 도시에도
노랗게 벼가 익어 가는
정겨운 풍경을 흔히 볼 수 있을지도!

바다에 건축물을 짓는 공간 설계자

👤 해양 건축가 서도영*

★ 자유롭게 생각하는 습관을 갖는다

바다 위에 근사한 예술의 전당이 세워진다면 어떨까?
그곳에서 음악회나 발레 공연을 감상할 수 있다면?
이런 놀라운 건축물을 짓는 해양 건축가가 되려면
어떤 자질이 필요할까?

에스에프(SF) 영화에서
미래의 사람들은 화성에 가기 위해
우주 비행장에 줄 서서
탑승을 기다리고,
깊은 바다에 비밀 기지를 설치해
첩보전을 펼치기도 한다.

> **에스에프(SF):** SF는 Science Fiction의 약자로 원래는 현실에서 벌어질 수 없는 일을 과학적으로 상상해서 쓴 소설을 말하지만, 지금은 공상 과학 장르 전체를 에스에프라고 부른다.

> **첩보전:** 상대편에 서로 간첩을 보내어 정보를 찾아내는 일.

인어 공주가 바닷속 왕국에서 살았듯이
우리가 살기 어렵다고 생각한 곳에
건축물을 짓고 살아가는 일이
현실로 이루어진다면
얼마나 신기할까?

 바다에 건축물을 지으려면 어떤 기술이 필요할까요?

나날이 발전해 가는 건축 기술.

미래에는

바다를 무대로 삼는

해양 건축이 각광받을 수 있다.

국경 도시: 나라와 나라의
경계인 국경을 끼고 있는 도시.

광활한 사막에

두바이라는 도시가 건설되었듯이

바다 한가운데 국경 도시가

펼쳐질 수 있는 시대.

우리나라에서는

아직 낯선 분야인 해양 건축은

그만큼 무한한 가능성을 가지고 있다.

해양 건축에 대해
자세히 알고 싶었던 강산이는
해양 건축가 서도영 선생님에게 편지를 썼다.

"저는 꿈꾸는 초등학교에 다니는
5학년 2반 이강산입니다.
해양 건축가는 어떤 일을 하는지,
선생님처럼 훌륭한 해양 건축가가 되려면
어떻게 해야 하는지 알고 싶어
이렇게 편지를 쓰게 되었어요.
답장을 주시면 용기 내어
해양 건축가에 도전해 보려고 합니다."

며칠 뒤
강산이는 서도영 선생님에게
답장을 받을 수 있었다.

189

"바다에 건축물을 짓는 사람을
해양 건축가라고 하지요.
일반 건축물을 지을 때처럼
해양 건축가도
디자인, 설계, 현장 감독 등
건축물이 완성되기까지의
모든 일을 맡아 합니다."

커다란 배 위에 건축물을 세우거나
인공 섬에 공항을 건설하는 등
해양 건축의 세계는 매우 다채롭다.

바다를 오염시키지 않고
자연 친화적인 건축물을 짓는 것도
해양 건축의 과제이다.

서도영 선생님은

어떤 틀에도 얽매이지 않고
자유로운 사고를 하는 사람이
건축도 잘할 수 있다고 했다.

예를 들어
그림을 그릴 때 이렇게 그려야
잘 그린 그림이라는
답을 먼저 구해 놓지 않고
자기가 그리고 싶은 대로
마음껏 그리다 보면 예상치 못한
좋은 결과물이 나올 수 있다는 것.

장난감 로봇을 조립하다가
그와 비슷한 모형의 건축물에 대한
영감이 떠오를 수도 있고,
강변을 산책하다가
그곳에 어울릴 듯한 구조물을 상상해 볼 수도 있다.
이런 상상을 놓치지 말고 메모해 두면
나중에 소중한 자료가 된다.

커다란 스케치북에
내가 사는 동네를 그려 보거나
이순신 장군이 거북선을 만든 것처럼
내가 만들고 싶은 대로
모형 배를 만들면서 노는 것도
설계에 대한 기본 감각을 길러 주는
밑거름이 된다.

다른 분야의 건축가와 마찬가지로
해양 건축가가 되기 위해서는
대학에서 건축을 전공한 뒤
실무 능력을 익히면서
전문적인 훈련을 받아야 한다.

건축은
여러 사람이 함께하는 작업이라
무엇보다 친화력이 필요하다.
다른 사람의 아이디어를
귀 기울여 듣는 자세도 중요하다.

바다에 인공 섬을 만들고
거기에 우주로 가는 비행장을 짓고 싶은 강산이.

앞으로 강산이의 꿈이
멋지게 이루어지길!

17 착한 여행을 기획하는 여행 전문가

👤 공정 여행 기획자 이수지*

★ 다양한 문화를 체험해 본다

독서가 마음의 양식이라면 여행 또한 마음의 양식이 된다.
다른 문화, 언어, 풍경 등을 접하면서 우리의 생각도 보다 넓고 커지기
때문이다. '책임 있는 여행', '착한 여행'의 다른 이름인 공정 여행.
공정 여행 기획자가 되려면 어떻게 해야 할까?

이곳은 캄보디아 앙코르 와트.

앙코르 와트: 캄보디아 서북부에 위치한 돌로 만들어진 절.

"거기는 올라가면 안 되는 곳이에요.
조심히 내려오세요!"

오래된 유적에 올라가
위험한 자세로
사진을 찍고 있는 한 여행객.

공정 여행 기획자 이수지 씨는
하루에도 몇 번씩 이런 경험을 한다.

생각해보기 착한 여행이란 어떻게 여행하는 걸까요?

195

즐겁게 여행하기 위해서는
다른 나라의 문화를 이해하려는
태도가 필요하다.

이런 태도를 갖자는 의미에서
새로운 여행 단어가 생겨났다.

그 나라의 문화,
그 나라의 자연,
그 나라에서 살아가는 사람을
존중하자는 뜻을 담은
‘공정 여행’.

공정 여행을 이끌어 가는
공정 여행 기획자는
좋은 여행을 위한 콘텐츠를 찾고
기획하는 일을 한다.

그러기 위해서는
여행지를 미리 답사해
해당 지역의 상황을 잘 파악해야 한다.

답사하다: 현장에 가서 직접 보고 조사하다.

여행객에게
그 지역 주민이 운영하는
숙소와 식당을 이용하도록
정보를 제공하는 것은
공정 여행 기획자의 중요한 역할이기 때문.

어떤 여행지가
관광 명소로 떠오르면
대형 호텔, 프랜차이즈 음식점,
대기업이 운영하는 리조트가 생겨나고
이 때문에 정작 해당 지역 주민은
피해를 입거나 불편을 겪는 경우가 많다.

공정 여행은
그 지역 주민이 운영하는 시설을 이용해
여행지에서 살아가는 지역 주민,
여행을 하는 여행자,
여행과 관련된 일을 하는 사람이
다 함께 즐겁고 행복한 여행이 되자는
의미에서 시작되었다.

"여행을 할 때도 책임이 따른다는 걸
이번 여행을 통해 알게 되었어요."

앙코르 와트를 보기 위해
이수지 씨와 함께 여행 온
보람이는 이번 여행을 통해
공정 여행, 착한 여행, 책임 있는 여행이라는
말의 의미를 배울 수 있었다.

수지 씨는
이런 보람이를 보면서 무척 흐뭇했다.

"우리 보람이, 이번에 느낀 점이 많은가 보구나.
무심코 물건을 사듯이 여행을 소비하는 것이 아니라
그 나라의 문화를 배우고 다양한 경험을 쌓으면서
여행의 가치를 새롭게 발견할 수 있다면
더 좋은 시간이 되겠지?"

똑같은 나라, 똑같은 지역을 여행해도
어떤 방식으로 여행하느냐에 따라
각자 느끼는 점은 많이 달라진다.

보람이는

지역 주민이 운영하는 숙소에 묵으면서

그곳 사람들과 조금 더 친해질 수 있었다.

그들의 아침 식사는

우리와 어떻게 다른지 볼 수 있었고

그들이 쓰는 언어에도 흥미가 생겼다.

이렇듯

여행은 단순한 관광이 아니라

마음을 열고 그곳 사람들의

문화 속으로 스며드는 것.

쑴무리읍 쑤어!
(안녕하세요!)

착한 여행을 기획하는

공정 여행 기획자가 되려면
어떻게 해야 할까?

무엇보다
공정 여행의 가치와 목적, 의미에 대해
확고한 신념을 가지고 있어야 한다.
또 여행지에 대한 호기심과 애정이 필요하다.
지역 네트워크를 잘 형성하는 것도
공정 여행 기획자가 해야 할 일이므로
적극적이고 사교적이어야 한다.

네트워크: 어떠한 일이나
문제점을 처리할 수 있도록
긴밀하게 연결되어 있는 체계.

보람이는 이번 여행에서
공정 여행 기획자 이수지 씨를 보고
배운 점이 있다.

★★
인솔하다: 여러 사람을
이끌고 가다.

첫째, 공정 여행 기획자가
직접 사람들을 인솔해 여행을 가기도 하므로
리더십과 인내심, 배려심이 필요하다는 점.

둘째, 여행지에서 만난 사람들과 자유롭게
의사소통을 하기 위해 외국어를 배워야 한다는 점.

보람이의 이번 여행 일기장은
그 어느 여행 때보다 다채로운 이야기로
가득 채워지고 있었다.

미래의 유망 직업에 대해 더 알아볼까요?

✳ 감성 인식 기술 전문가

우리가 보고 듣고 느끼는 모든 행위를 통해 어떤 자극을 인식하고 그것에 반응하는 능력을 감성이라고 해요. 이러한 감성을 인지하고 그것을 바탕으로 인간이 원하는 서비스를 제공하는 기술을 연구하고 개발하는 사람을 감성 인식 기술 전문가라고 하지요. 감성 인식은 이제 막 연구가 시작된 기술로 컴퓨터나 자동차, 의학을 비롯한 다양한 분야에서 활용이 가능할 것으로 예상돼요. 감성 인식 기술 전문가는 컴퓨터를 잘 다뤄야 하는 것은 물론이고, 뇌과학이나 심리학에 대해서도 전문 지식을 갖춰야 한답니다. 또 인간의 감성과 관련된 일인 만큼 인간에 대한 이해력이 높고 감성이 풍부한 사람에게 잘 맞아요.

✳ 나노공학 기술자

나노 기술은 나노라 불리는 아주 미세한 크기의 입자를 조작하고 제어하는 기술을 말해요. 나노공학 기술자는 이러한 나노 기술을 이용해 전자, 생명공학, 의학 등의 분야에서 각종 소재나 칩, 의학품을 연구 개발하지요. 나노공학은 응용 범위가 매우 넓어 앞으로 무궁무진한 발전을 기대할 수 있는 분야예요. 나노공학 기술자가 되려면 대학에서 나노공학이나 재료공학을 전공하면 좋아요. 평소 기계를 조작하는 일에 관심이 많고 세심한 성격이라면 이 일에 도전해 보세요.

✴ 로봇공학자

미래에는 로봇이 인간을 대신해 많은 일을 하게 될 거예요. 로봇 가운데서도 인간처럼 생각하고 행동하는 인공 지능 로봇에 관한 연구가 현재 활발히 이루어지고 있답니다. 로봇공학자는 다양한 분야에서 제 역할을 해 나갈 로봇을 설계하고, 로봇이 작동하는 데 필요한 장치를 개발해요. 로봇을 만들려면 기계, 전자, 컴퓨터 등 여러 분야의 전문 지식이 필요하지요. 인공 지능 로봇의 경우는 여기에 심리학이나 인공 지능학 관련 지식까지 더해져야 한답니다. 그래서 로봇을 만들 때는 각 분야의 전문성을 갖춘 여러 공학자가 함께 작업하는 일이 많아요. 로봇공학자가 되려면 컴퓨터 프로그래밍에 능숙해야 하고, 새로운 기술 연구에 필요한 창의력도 있어야 한답니다.

✴ 바이오 의약품 연구원

원하는 의약 성분의 단백질을 얻기 위해 유전자를 조작하고, 그 단백질을 세포로부터 분리해 약품으로 개발하는 일을 해요. 바이오 의약품 연구원이 되려면 생명공학에 관한 전문 지식과 기술이 필요하기 때문에 대학에서 생물학, 미생물학, 생화학, 약학 등을 전공해야 하며 석사 이상의 학위가 있어야 하지요. 또 생명공학 분야는 나날이 발전하고 있어 새로운 지식과 기술을 쌓기 위해서는 지속적으로 공부를 해야 해요. 사람의 생명을 살리는 데 기여하는 바이오 의약품은 매우 가치가 높은 제품으로, 새로운 약물을 개발하는 데 꽤 오랜 시간이 걸리기 때문에 바이오 의약품 연구원에게는 무엇보다 일에 대한 사명감과 끈기가 필요하답니다.

∗ 우주 전파 예보관

우주 공간에 존재하는 전파인 우주 전파를 분석하고 거기서 얻어진 중요 정보를 세상에 알리는 일을 해요. 특히 항공이나 위성, 통신 분야에서 우주 전파로 인한 피해가 발생하지 않도록 주의를 기울여요. 우주 전파 예보관은 태양의 활동을 관측해 얻은 각종 정보를 이용해 우주 전파의 변화를 예측하는데, 이러한 변화가 항공 통신을 두절시켜 위험을 초래하거나 위성 시스템을 망가트릴 수도 있기 때문이지요. 우주 전파 예보관은 우주과학과 전자공학 분야의 전문 지식을 갖춰야 하며, 이를 바탕으로 다양하고 복잡한 전파 자료를 정확하게 분석할 수 있는 능력이 필요해요. 우주 환경을 파악하는 것이 중요한 과제로 떠오르면서 앞으로 우주 전파 예보관의 역할은 보다 중요해질 것으로 예상돼요.

∗ 친환경 자동차 연구 개발자

석유가 아닌 전기나 수소 등을 이용해 움직이는 자동차를 친환경 자동차라고 해요. 거리에서 전기 자동차를 본 적이 있을 거예요. 화석 연료가 고갈되어 감에 따라 전 세계적으로 대체에너지를 사용하는 자동차 연구가 한창이에요. 더 이상 석유가 나지 않아 자동차를 이용할 수 없다면 우리 모두 큰 불편을 겪겠지요. 따라서 친환경 자동차 연구 개발자의 전망은 아주 밝답니다. 대체에너지와 공학에 관련된 전문 지식을 두루 요구하기 때문에 관련 학과는 기계공학과, 재료공학과, 화학과, 전자공학과, 전기공학과 등 매우 다양해요. 연구 업무를 수행하기 위해서는 석사 이상의 학위가 있어야 한답니다.

∗ 가정 에코 컨설턴트

수돗물이나 전기 등 가정생활에서 자원과 에너지를 절약하고 환경 보호를 실천할 수 있도록 돕는 일을 해요. 태양열처럼 무한히 반복적으로 사용할 수 있는 에너지를 재생 에너지라고 하는데, 가정 에코 컨설턴트는 가정에서 이 같은 재생 에너지를 활용할 수 있는 방법도 알려 주지요. 에너지 효율이 좋은 가전제품을 소개하거나 생활 폐기물을 줄이는 법, 물건을 재활용하는 법에 관해 조언해요.

✳ 기후 변화 전문가

지구 온난화의 영향으로 이상 고온 현상이 지속되는 등 전 세계적으로 기후 변화가 일어나고 있어요. 이 때문에 생겨난 직업이 기후 변화 전문가예요. 앞으로 기후에 어떤 변화가 생길지 예측하고 그 변화를 막을 수 있는 방법이나 기후 변화로 인한 피해를 최대한 줄일 수 있는 방법을 모색하지요. 기후 변화는 국가가 주도적으로 해결해야 하는 문제라서 기후 변화 전문가는 각종 국가 기관이나 연구소에 소속되어 기후 관련 정책을 마련해 나가요.

✳ 음식물 쓰레기 사료화 연구원

음식물 쓰레기를 가축의 사료로 사용할 수 있는 방법을 연구해요. 음식물 쓰레기는 염분 함유량이 높아 너무 짜기 때문에 가축이 그대로 먹으면 병에 걸리고 말아요. 그래서 음식물 쓰레기 사료화 연구원은 가축이 안전하게 먹을 수 있도록 음식물 쓰레기의 염분을 낮추는 데 힘을 쏟는답니다. 박테리아와 같은 미생물을 이용하거나 사료로 많이 사용하고 있는 옥수수를 첨가하는 방법 등을 시도해요. 이처럼 음식물 쓰레기를 사료화하거나 농작물에 영양분을 공급하는 퇴비로 만드는 일에 이미 많은 연구원이 참여하고 있어요. 하지만 앞으로도 계속해서 보다 활발하게 새로운 연구가 진행되어야 하는 실정이에요.

어린이 지식ⓔ

〈어린이 지식ⓔ〉 시리즈는 감동과 재미를 주는 EBS 『지식채널ⓔ』의 내용을 어린이의 눈높이와 초등학교 교과 과정에 맞춰 주제별로 재구성했습니다.

1. 생명과 환경

생명의 탄생과 흐름, 나와 가족, 공동체에 대한 다양한 주제들을 다루어 세상에 대한 바른 시선과 다양한 지식을 제공해 준다. '태어날 때 이미 3억의 경쟁자를 이긴 게 바로 나?', '안아 주는 것만으로 생명을 살릴 수 있다?', '베풀고 살면 몸이 건강해진다?', '햄버거 때문에 지구가 위험하다?', '평생 고기를 먹지 않은 사자가 있다?' 등의 재미있는 이야기를 통해 자존감을 높여 주고, 나와 가족과 사회를 생각하게 해 주고, 더불어 살아가는 지혜를 일깨워 준다.

값 12,000원 ISBN 979-11-86082-33-1(64300)

2. 경제의 이해

경제란 무엇인지 알게 해 주고, 어린이들이 올바른 경제관념을 갖도록 해 준다. 단순히 물건을 사고파는 일 외에도, 모든 일상의 활동이 경제와 어떻게 관련돼 있는지 흥미롭게 알려 준다. '2000만 마르크로 살 수 있던 게 고작 빵 한 덩이?', '물가의 마술에 걸려 오르락내리락하는 돈의 가치?', '배도 그물도 없이 고기를 낚는 어부들이 있다?', '새 옷 한 벌 때문에 서재를 통째로 바꾸었다?', '먹을거리 3km 다이어트로 푸드 마일을 줄인다?' 등의 내용을 재미있게 알아볼 수 있다.

값 12,000원 ISBN 979-11-86082-34-8(64300)

3. 소중한 문화유산

우리 얼이 담긴 문화재, 나라를 위해 삶을 바친 위인들, 되새겨야 할 역사적 사건들을 담아 우리의 문화유산이 어떻게 지켜졌는지, 어떤 면에서 우수한지 알려 주며 문화적 자긍심을 키워 준다. '전 재산을 걸어 낡은 것들을 모은 바보가 있다?', '최초의 국어사전을 만들게 한 말모이 작전은 무엇?', '묻고 듣는 것이 세종대왕의 특별한 능력이라고?', '경부고속도로가 세운 세계적인 기록은?' 등의 해답을 찾아가는 사이 '왜', '어떻게' 우리 것들이 만들어지고 위기 속에서 이어져 왔는지 알 수 있을 것이다.

값 12,000원 ISBN 979-11-86082-35-5(64300)

4. 함께 사는 사회

전쟁과 자연재해, 기후 변화 등 국제 사회에서 벌어진 다양한 사건들을 다루며, 지구촌의 이웃과 더불어 살기 위해 무엇을 나눠야 할지 고민하게 한다. 또한 나눔을 실천하는 국제기구를 알아가면서 서로 도우며 살아가는 방법을 배울 수 있다. '가난한 환자를 직접 찾아가는 병원 열차가 있다?', '회색늑대가 사라진 숲이 왜 황폐해졌을까?', '의학 교육을 무료로 시켜 주는 나라가 있다?', '1069명의 아이를 구한 유모차 공수 작전이란?', '핵폐기물이 안전해지기까지 10만 년이 걸린다고?' 등의 답을 찾을 수 있다.

값 12,000원 ISBN 979-11-86082-36-2(64300)

5. 꿈과 진로

행복한 인생의 필수 요건인 꿈과 직업에 관한 이야기를 담아 자신의 꿈을 발견하고 이를 직업으로 실현시키기까지 어떤 과정을 거쳐야 하는지 알려 준다. 힘든 상황에서도 포기하지 않고 자신의 꿈을 현실로 만든 사람들의 이야기를 통해 바람직한 삶의 자세를 배울 수 있다. '거짓투성이 책의 작가가 빅토르 위고?', '사물의 몸과 마음으로 들어가는 신비한 능력?', '대학 중퇴자가 최고의 CEO가 될 수 있었던 비밀은?', '600년 전통 명문 학교의 주요 과목이 체육?' 등의 내용을 재미있게 만날 수 있다.

값 12,000원 ISBN 979-11-86082-37-9(64300)

'5분의 메시지'로 생각하는 힘을 기른다!

생각하는 힘을 키워 주는 『어린이 지식ⓔ』는
아이들에게 책 한 권의 지식을 넘어, 지혜를 자라나게 해 줍니다.

어린이 지식ⓔ 시리즈

6. 역사와 인물

문명을 발전시킨 도구와 사회를 바꾼 사건과 인물들을 소개한다. 인류 문명의 발전을 가져온 재미난 이야기와 다양한 정보는 역사에 대한 흥미를 불러일으키고, 우리의 일상을 만들고 변화시켜 온 살아 있는 역사를 만나게 해 준다. '인류의 발전은 두 손에서 시작됐다?', '1582년 로마의 달력에서 열흘이 통째로 사라졌다?', '지구가 돈다는 사실을 증명해 낸 것이 교수의 장난감?', '18세기 사람들은 이슬이 나비가 된다고 믿었다?', '왜 나폴레옹은 자신을 그린 화가를 미워했을까?' 등의 궁금증을 풀 수 있다.
값 12,000원 ISBN 979-11-86082-38-6(64300)

7. 창의적 도전

세상을 새롭게 변화시킨 사람들의 새로운 발상과 상상력을 소개해, 어린이들의 창의적인 사고력을 키워 준다. 생각을 일깨워 주고, 바꿔 주고, 다르게 생각하도록 영감을 주는 이야기는 '사물을 어떻게 바라보고, 어떤 방식으로 생각할 것인가?'라는 것을 깊이 생각하게 한다. '청중들의 소음만으로 이루어진 음악이 있다?', '변기를 전시하면 예술 작품일까? 아닐까?', '꽃과 열매 그림이 멀리서 보면 사람 얼굴이라고?', '피카소가 한국 전쟁의 참상을 그린 이유는?' 등의 이야기를 만날 수 있다.
값 12,000원 ISBN 979-11-86082-39-3(64300)

8. 과학과 기술

과학과 기술이 어떻게 시작되고 발달해 왔는지에 대한 이야기가 실려 있다. 새로운 아이디어로 인류의 삶을 바꿔 놓은 발명 이야기를 통해 과학적인 잠재력을 깨우고, 과학에 대한 지식을 배우게 한다. '달의 뒤편으로 간 남자가 있었다?', '라이트 형제가 발명한 비행기 원리는 자전거에서 얻었다고?', '엘리베이터가 100층을 오르는 데 수만 년이 걸렸다고?', '혈액이 온몸을 한 바퀴 도는 데 1분밖에 안 걸린다고?', '깡패에게 돈을 빼앗긴 곳을 알려 주는 지도가 있다?' 등 흥미로운 정보가 가득하다.
값 12,000원 ISBN 979-11-86082-40-9(64300)

9. 자연과 생태계

생태계의 신비한 이야기를 통해 동식물의 생존 법칙과 인간이 자연과 공존하는 방법을 알려 준다. 깊이 있는 자연 탐구의 기회를 주는 것은 물론 소중한 자연을 지키고 보존해야 함을 깨닫게 한다. '식물도 화가 나면 공격한다고?', '달리기에서 타조가 치타를 앞지를 수 있을까?', '생명이 있는 곳 어디에나 있는 백색 결정체는 무엇일까?', '깊고 어두운 해저 2700m, 생존의 법칙은 무엇일까?', '다람쥐의 볼에 도토리 12알을 넣을 수 있다고?' 등의 의문을 풀 수 있다.
값 12,000원 ISBN 979-11-86082-41-6(64300)

10. 다양한 가치관

어떤 가치관을 가지고 세상을 살아가야 할지 생각해 볼 수 있는 이야기가 담겨 있다. '어떻게 살아야 한다.'라는 정의를 내려 주지는 않지만 올바른 가치관을 세우기 위해 꼭 필요한 분별력을 기를 수 있다. '미국의 시내 한복판에 북한을 소개하는 식당이 있다?', '20점 만점에 10점만 넘으면 원하는 대학에 갈 수 있는 나라는?', '나의 모든 이야기를 잘 들어 주는 컴퓨터가 있다?', '글짓기를 잘하는 사람은 글쓰기를 못한다?' 등의 재미있는 이야기를 만날 수 있다.
값 12,000원 ISBN 979-11-86082-42-3(64300)